열정민쌤의
완전 쉬운 에듀테크
태블릿 활용수업

열정민쌤의

완전 쉬운 에듀테크

태블릿 활용수업

과목별 필수 앱 포함.
1인 1디바이스 환경설정부터 수업루틴, 학급운영까지

원정민, 최지은 지음

테크빌교육

머리말

교육부가 일대일 맞춤 교육이 가능한 AI 디지털 교과서 추진 방안을 발표했습니다. 교실에 보급된 1인 1스마트 기기를 활용한 AI 디지털 교과서를 통해 학생별 성취에 맞는 개별 학습을 제공하는 교육을 현실화하고자 하는 것입니다. 이렇듯 교육에서는 1인 1스마트 기기 기반 교육이 하나의 흐름으로 자리 잡고 있습니다. 대부분의 교실에 1인 1스마트 기기가 보급되고 있고, 이를 활용하기 위한 에듀테크 자료와 연수가 넘쳐나고 있습니다. 가히 '에듀테크 홍수'라는 생각마저 듭니다. 이것들을 다 배우기에는 끝도 없고, 1회성으로 그치는 경우도 허다합니다. 또한 연수를 들을 땐 좋아보였으나 막상 쓰려니 어렵고, 교실 상황에 적합하지 않은 경우도 많습니다. 에듀테크의 홍수 속에서 수업 과정에 녹일 수 있는 쉽고 유용한 에듀테크만 알려드리고 싶은 마음에 이번 도서를 출간하게 되었습니다.

좋은 수업의 중요한 조건 중 하나가 학생의 집중이라는 것은 선생님들 모두가 동의하실 겁니다. 집중이 이루어져야 배움이 일어날 가능성이 높으니까요. 그러한 면에서 에듀테크는 학생이 집중을 넘어 몰입을 하게 만드는 데 매우 효율적인 도구입니다. 스마트 기기와 앱 이라는 도구면 눈을 뗄 수 없으니까요.

게다가 학습 결과물이 그대로 누적되어 언제든 찾아볼 수 있는 포트폴리오가 됩니다. 신나는 게임형 퀴즈 꾸러미 중 적합한 것을 골라 푼다면, 학생들도 즐겁고 결과도 자동 채점 되어 교사가 채점 노동에서 벗어날 수 있습니다. 아울러 반 전체의 성취도뿐 아니라 학생별, 문항별 성취도도 즉각적으로 확인할 수 있습니다. 이를 피드백으로 치환하면 해당 학생의 부족한 개념을 보충하는 효율적이고 스마트한 형성 평가를 할 수 있고, 이미 만들어진 VR 자료들로 교실 공간의 한계를 뛰어넘는 가상 체험을 할 수도 있습니다. 아울러 3D 디자인으로 만들기 수업의 재료 사용의 한계를 넘고, 학생들이 상상하는 어떠한 만들기도 가능합니다. 교과서에 있는 노래에 화음과 드럼 베이스를 입혀 풍성한 곡을 만들거나 일부 리듬을 바꿔 변형 노래를 만들 수도 있습니다. 협업 툴을 활용하면 교사의 질문에 대한 답을 발표하는 한두 명의 학생에게만 듣는 것이 아니라, 학급 전체 학생의 의견을 교사와 학생들 모두 한눈에 살피며 다양한 생각을 공유할 수 있습니다. 또한, 스마트 기기로 글을 쓰고 나서는 친구들이 쓴 글을 살펴보면서 자연스레 해당 글에 대해 서로 피드백을 주고받을 수 있습니다. 만약 교사 피드백 후 고쳐 쓸 내용이 많더라도 종이가 아닌 디지털이기 때문에 지우개로 모두 깨끗이 지우고 칸에 맞게 다시 쓰는 물리적 한계를 넘어 깨끗하고 자유롭게 수정하는 것이 용이합니다. 여러 번의 고쳐 쓰기 과정이 있어도 종이가 아니니 부담이 훨씬 줄어, 더 완성도 높은 글을 쓰는 연습을 하기도 좋습니다. 게다가 그림 삽입이 쉬워 보고서 작성 시에도 유용합니다. 게다가 이를 토대로 학습 결과물을 영상으로든, 포스터로든 만들어낼 수 있습니다.

이 모든 것들을 보여 주기식 수업, 1회성 수업으로 끝내는 것이 아니라 반복 과정으로 만들어 어느 교과, 다양한 차시에든 적용할 수 있습니다. 익히기 어렵거나 배울 게 많을까 걱정되시죠? 준비가 수월하고 쉬우며, 이 책에서는 한 번 배우면 언제든 반복 과정화할 수 있는 에듀테크만 담았습니다. 단순 기능 소개를 넘어 학습 목표 도달을 돕는 에듀테크 활용 방법들을 안내드립니다. 지금부터 학생들과 함께 즐겁게 수업할 수 있는 최신 방법을 만나시기 바랍니다.

대표 저자 **원정민(열정민쌤)** 드림

머리말 • 004

1. 왜 태블릿 활용 수업인가요? • 009

1 스마트 교육의 현실화, 1인 1태블릿 활용 수업 • 011

2 인프라로 날개를 달다 • 015

3 교사가 수월한 수업, 학생들이 몰입하는 수업 • 018

2. 태블릿 활용 수업 전 준비하기 • 021

1 첫 수업의 마음가짐: 일단 한 시간을 버텨요! • 023

2 교실 환경 세팅하기 • 028

3 수업 전 학생들에게 반드시 해야 하는 필수 기초 교육 • 036

4 링크 공유하는 법 익히기 • 043

5 결과물 수합하는 법 익히기 • 052

6 교사의 태블릿 화면을 학생들에게 보여 주는 법 익히기 • 054

3. 루틴화할 수 있는 교과 수업 • 059

1 [국어] 소통형 도구 활용 수업: 띵커벨 보드 • 061

2 [수학] 빠르게 착착! 문제지 나눠 주고 채점하기 & 도형 전개도 접고 이동시키기

　 : 미래엔 AI CLASS & 비상교육 도형 길잡이 • 087

3 [영어] 한 번의 입력으로 여러 퀴즈를 만드는 Wordwall • 108

4 [과학, 사회] 학생들이 열광하는 VR/AR 수업: 실감형 콘텐츠 • 121

5 [음악] 다양한 악기 연주하기 & 작곡하기: 키림바 & 송 메이커 • 132

6 [미술] 손 버리지 않는 스케치북, 팔레트, 붓 활용하기

　 : 8bit 화가 & Real Color Mixer & Silk Art Portrait & Zen Brush • 145

7 [미술, 기술] 3D 모델링으로 미래 역량 기르기: 틴커캐드 • 161

8 [실과] 나의 생활 공간 만들기: 룸플래너 • 184

 4. 태블릿 활용 교실놀이 • 193

1 2교시 뚝딱! 릴레이 그림 게임: 갈틱폰 • 195

 5. 다 한 학생 기다리기 • 207

1 배운 앱/웹 활용하기: 실감형 콘텐츠 & 미술 앱들 • 209

2 새로운 앱/웹 활용하기: Pocket World 3D & Rodocodo • 213

 6. 형성 평가의 혁신, 태블릿 • 217

1 흥미진진한 실시간 퀴즈: 띵커벨 퀴즈 • 219

2 채점 노동에서 벗어나자: 띵커벨 워크시트 • 231

3 게임으로 즐겁게 형성 평가하기: 미래엔 AI CLASS 퀴즈온 • 238

 7. 수업 결과물에 날개 달기 • 249

1 보고서 작성하기: 구글 문서 • 251

2 포스터, 만화 만들기: 캔바 • 264

3 영상 만들기: 키네마스터 • 285

 8. 태블릿으로 학급 운영하기 • 297

1 상담 기록의 혁신: AI 클로바노트 • 299

2 과제 수합의 혁신: 다 했니? 다 했어요! • 302

1장

왜 태블릿
활용 수업인가요?

1인 1스마트 기기 보급에 속도를 내는 등 학교는 스마트하고 빠르게 변화하고 있습니다.

그렇게 들어온 태블릿이 교실이나 연구실 한 구석을 차지하고만 있지는 않나요?

'저게 돈이 얼마야.' 하며 예산 낭비라고 생각한 적은 없으신가요?

왜 태블릿이 우리 교실로 들어왔는지, 이미 들어온 이 태블릿을

어떻게 하면 잘 활용할 수 있을지 함께 알아봅시다.

❶ 스마트 교육의 현실화, 1인 1태블릿 활용 수업

❷ 인프라로 날개를 달다

❸ 교사가 수월한 수업, 학생들이 몰입하는 수업

스마트 교육의 현실화, 1인 1태블릿 활용 수업

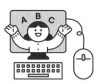

4차 산업혁명 이후 SW 교육 및 AI 교육, 에듀테크 활용 교육 등의 활성화로 인해 교육 현장이 빠르게 변화하고 있습니다. 이에 교육부는 모든 초·중·고에 학교당 최소 4개 교실 이상의 무선 환경 구축을 완료할 계획이라고 밝혔으며, 지속적으로 스마트 기기를 보급하고 있습니다(계보경 외, 교육부, 2020). 이러한 변화는 과거에 인프라의 부족으로 현실화하기 어려웠던 '스마트 교육'을 현실화하고 있습니다.

스마트 교육이란 스마트폰, 태블릿 등의 스마트 기기를 활용한 교육으로(계보 경 외 2020), '21세기 지식 정보화 사회에서 교육체제 전반의 변화를 이끌기 위한 지능형 맞춤 교수-학습 지원 체제'입니다(장진아 외(2017), Ministry of Education, Science and Technology, 2011, p.6). 즉, 스마트 교육은 학생들이 좋아할 뿐 아니라 교사가 편한 자동 채점, 모두가 동시에 소통하는 수업, 학습 자료 아카이빙, VR·AR 활용 체험형 수업, 보고서 만들기, 고퀄리티 포스터 제작, 영상 만들기 등 기존과는 다른 수업이 가능하다는 점에서 교육 체제 전반의 변화를 이끄는 학습이 분명합니다. 태블릿 활용 스마트 교육의 구체적인 사례는 다음과 같습니다.

국어 교과의 경우 '토론' 수업을 해보면 말을 잘하는 소수의 학생들 위주로 흘러가는 경향이 있고, 토론의 흐름을 쫓아가기 어려워하는 학생들도 많습니다. 그러나 태블릿 활용 수업을 통해 토론 수업을 하면, 소외되는 학생 없이 모두가 협업 도구를 이용해서 의견을 내게 되며, 의견이 휘발되지 않고 그대로 기록됩니다. 그래서 기록된 특정 의견에 댓글을 달아 반박이나 재반박 글을 남기기에 편리하며, 그림 등의 자료를 삽입해서 근거 자료를 제시할 수도 있습니다. 일반적으로 토론 근거 자료를 그림으로 제시하려면 검색, 출력 등의 상당한 사전 준비가 필요한데, 태블릿 활용 토론 수업은 이러한 시간이 단축됩니다. 또한 한눈에 다양한 의견들을 살펴 볼 수 있으며, 모두가 참여하는 활발한 토론이 됩니다. 토론 수업 사례 외에도 전 교과 수업에 루틴화할 수 있는 다양한 수업 사례를 다음 장부터 살펴보겠습니다.

많은 학자들이 제시한 태블릿을 활용한 스마트 교육의 장점은 다음과 같습니다. 첫째 수준별, 맞춤형 개별 학습입니다. 태블릿 등의 스마트 기기를 활용하면 학생의 학습 데이터를 분석하여 개인별로 맞춤형 학습 데이터를 제공할 수 있습니다. 이는 미래 교육의 방향성과 일치합니다. 둘째, 교수-학습 활동에서 일방적인 수업보다 소셜 네트워크를 통한 학생-학생 간, 교사-학생 간에 활발히 상호 작용하는 과정에서 학습 효과를 극대화할 수 있습니다(김성렬, 2015). 또한, 스마트 기기를 기반으로 하는 스마트 교육은 VR, AR 등의 첨단 기술 및 구성주의적 학습 설계 모형을 접목함으로써 학생 주도적 수업이 가능합니다.

요약하자면 태블릿 활용 교육은 수준별 맞춤 학습이 가능하며, 디지털 환경을 기반으로 소셜 네트워크를 활용한 협력 학습이 가능한 학습자 주도형 교육입니다. 즉, 스마트 기기를 기반으로 학습 성과를 최적화할 수 있고, 학습 과정에서 미래 사회에 필요한 역량이 향상될 수 있습니다(김성렬, 2015).

2022 개정 교육 과정 구성의 중점 中

가. 디지털 전환, 기후·생태 환경 변화 등에 따른 미래 사회의 불확실성에 능동적으로 대응할 수 있는 능력과 자신의 삶과 학습을 스스로 이끌어가는 주도성을 함양한다.

나. 학생 개개인의 인격적 성장을 지원하여 사회 구성원 모두의 행복을 위해 서로 존중하고, 배려하고, 협력하는 공동체 의식을 함양한다.

다. 모든 학생이 학습의 기초인 언어·수리·디지털 기초 소양을 갖출 수 있도록 하여 학교 교육과 평생 학습에서 학습을 지속할 수 있게 한다.

라. 학생들이 자신의 진로와 학습을 주도적으로 설계하고, 적절한 시기에 학습할 수 있도록 학습자 맞춤형 교육 과정 체제를 구축한다.

마. 교과 교육에서 깊이 있는 학습을 통해 역량을 함양할 수 있도록 교과 간 연계와 통합, 학생의 삶과 연계된 학습, 학습에 대한 성찰 등을 강화한다.

바. 다양한 학생 참여형 수업을 활성화하고, 문제 해결 및 사고의 과정을 중시하는 평가를 통해 학습의 질을 개선한다.

사. 교육 과정 자율화·분권화를 기반으로 학교, 교사, 학부모, 시·도 교육청, 교육부 등 교육 주체들 간의 협조 체제를 구축하여 학습자의 특성과 학교 여건에 적합한 학습이 이루어질 수 있도록 한다.

* 자료 출처: 2022 개정 교육 과정 총론

앞서 나온 2022 개정 교육 과정 총론과 같이 앞으로 시행될 2022 개정 교육 과정에서도 디지털 기초 소양을 기초 역량 중 하나로 정의하였습니다. 총론에서 디지털 기초 소양의 필요성을 제시했기 때문에 각 교과의 각론에도 디지털 기초 소양을 기르기 위한 구체적인 교수·학습 방법, 평가, 성취 기준 등이 제시되었습니다. 예를 들어 국어과에서는 디지털 리터러시(디지털 문해력)를 중점적으로 다루었고, 미술과에서는 표현과 소통의 도구로 디지털 매체를 적극적으로 활용해야 한다고 제시되어 있습니다. 즉, 디지털 전환 시대에 보급된 태블릿을 통한 수업을 시작하는 것은 디지털 기초 소양을 기르는 것의 시작점이며, 교육의 방향 중 하나입니다.

2 인프라로 날개를 달다 ────

태블릿 활용 수업처럼 SW 프로그램을 활용한 ICT 수업이나 컴퓨터 활용 수업은 이전 시대에도 있었습니다. 그러나 정보 교과가 아니면 매시간 컴퓨터를 활용하기가 어려우며, 학교 통신망이 빠르지 않은 경우가 많아 여러 프로그램을 활용하기는 어려웠습니다. 또한, 컴퓨터실까지 이동하고 다시 교실로 이동하는 시간적 소요도 무시할 수 없습니다.

무선 AP와 태블릿 보급 이후 이러한 문제가 해결되었습니다. 과거에는 활동 1~활동 3 수업 중, 활동 2만 프로그램 활용 수업을 하기 위해 컴퓨터실까지 가기는 어려웠을 것입니다. 보통은 날짜를 정해서 컴퓨터실을 이용했습니다. 그러나 현재는 수업 중 잠시 활동하려 할 때도 교실에 있는 태블릿을 이용하면 됩니다.

초등학교 스마트 기기 보유 현황		
	노트북	태블릿
2019	38,611	192,739
2020	44,123	252,704
2021	125,655	396,236

* 자료 출처: 2019~2021 교육 통계 연보(교육부, 한국교육개발원)

중학교 스마트 기기 보유 현황		
	노트북	태블릿
2019	104,045	74,222
2020	109,973	89,045
2021	160,668	172,684

* 자료 출처: 2019~2021 교육 통계 연보(교육부, 한국교육개발원)

앞서 나온 표를 보면 2021년도를 기점으로 각 학급에서 보유한 스마트 기기의 수가 폭증했음을 알 수 있습니다. 즉, 이제는 스마트 수업을 하기 위한 인프라가 갖추어진 것입니다.

코로나19가 유행하는 상황 속에서 교사들은 많은 어려움을 겪었지만 비대면 수업의 원활한 진행을 위하여 노력한 결과, 교사들의 디지털 매체 활용 능력은 코로나19 이전과 비교하여 급격히 향상되었습니다(이주연 외, 2022). 그동안 교사뿐 아니라 학생들도 다양한 학습 툴에 익숙해졌습니다. 교사나 학생들이 2년간 비대면 수업 시대를 겪으며 사용했던 디지털 도구들을 오프라인 수업에 적재적소에 활용하는 방법과 다양한 수업 사례들을 이 책에서 안내드리고자 합니다.

● 수업 안에 디지털 도구 녹여내기

디자인의 경우 미리캔버스 등의 디지털 도구(이하 툴)로 인해 진입 장벽이 많이 낮아졌습니다. 물론 고객의 요구에 맞는 디자인이나 순수 미술을 하려면 고작 도구

몇 시간 배웠다고 해서는 불가능하고, 매우 많은 시간과 높은 전문성이 필요합니다. 하지만 현실에서 대부분을 차지하는 간단한 현수막 만들기, 안내문, 썸네일 제작은 이제 디자이너가 아니어도 디자이너가 만든 요소를 조합해 그럴듯한 작품을 만들 수 있습니다. 교실에서도 이를 활용하면 멋진 결과물들을 만들어 내는 것이 가능합니다.

영상 만들기도 과거에는 전문가만 만들어 낼 수 있었다면, 현재는 진입 장벽이 낮아졌습니다. 화려한 장면 전환 효과, 감상적인 연출 등을 학습하기 위해서는 상당한 시간이 소요되지만, 단순 자막이나 컷 편집, 배경 음악 삽입 등은 1시간 안에 학습할 수 있습니다. 이 외에도 AI 웹툰 제작 플랫폼의 등장으로 누구나 간단한 웹툰을 만들 수도 있습니다. 스마트메이커, 앱 인벤터 등의 쉽게 앱을 제작하는 플랫폼의 등장으로 간단한 앱은 쉽게 만들게 되었습니다.

이러한 툴을 교실에 적용하면 학생들은 학습한 개념을 녹여 높은 수준의 결과물들을 만들 수 있습니다. 자신이 생각하는 바를 충분히 표현할 수 있기 때문에 창의성도 신장됩니다. 그리고 프로젝트 수업이나 수행 평가 결과물의 질이 향상됨과 동시에 학생들이 살아갈 시대에 중요한 능력 중 하나인 여러 도구를 다루는 능력들을 학습할 수 있습니다. 또한 도구를 활용해 결과물을 만들어가는 과정에서 학습한 개념을 정리하게 되고, 결과물을 만들기 위해 현실 세계에서 학습 개념을 조사하는 과정에서 정보 처리 역량이 향상됩니다.

3 교사가 수월한 수업, 학생들이 몰입하는 수업

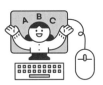

황주영(2022)의 '초등교사의 스마트 기기 활용과 교육적 효과성에 관한 인식' 연구에서 초등 교사가 인식하는 스마트 기기의 교육적 효과 중 '학습 동기 및 만족도 영역'이 4.34점으로 가장 높게 나타났습니다. 학생들은 태블릿이 책상 위에 있으면 졸지 않고, 태블릿 속 교과 자료에 더욱 몰입하며 즐거워합니다. 실제로 수업을 해 보면 학생들에게는 일반 수업에서 학습지를 풀거나 교사의 질문에 대답하는 것보다 태블릿으로 의견을 쓰고 공유하며, 태블릿으로 퀴즈를 푸는 게 더 편해 보입니다. 물론 모든 수업을 태블릿으로 할 수는 없습니다만, 적재적소에 활용하면 무기력한 학생들의 배움을 이끄는 데 효과적입니다.

가성비 측면에서도 태블릿 활용 수업은 좋은 수업 방법입니다. 교구나 학습지를 만들어야 할 부담도 적어 수업 준비 시간이 적은 편이며, 동기 유발이나 좋은 발문이 없어도 학생들이 쉽게 몰입합니다. 또한 학습 결과물을 자동 채점할 수도 있고,

완성한 글이나 자료, 작품은 아카이빙하여 포트폴리오화할 수 있습니다. 그리고 체험 학습을 가지 않아도 VR, AR 콘텐츠를 활용해 가상 체험을 할 수 있습니다.

또한, 교사가 수업 시 앱과 웹의 기능을 세세하게 전부 알려줄 필요가 없습니다. 기본적인 것만 제시해 주면 교사도 몰랐던 부분을 학생 스스로 찾아냅니다. 앱과 웹의 기능을 알려 주기 번거롭다면, 유튜브의 기능 강의를 시청하는 것으로도 충분합니다. 기능 자체가 목표가 아니라 수단일 뿐, 학습 목표 도달이 가장 중요하니까요.

태블릿 활용 수업을 된장찌개에 비유해 보겠습니다. 고깃집 된장찌개 맛을 집에서 내는 것은 쉽지 않습니다. 하지만 '레토르트 된장찌개 소스'를 구매하면 곧장 그 맛을 낼 수 있습니다. 이미 개발자들이 마법의 '레토르트 된장찌개 소스' 같은 좋은 프로그램들을 많이 만들어 두었습니다. 태블릿 수업을 하면 학생들이 몰입하게 되는 걸로 보아 맛있는 소스임이 분명합니다. 하지만 레토르트 된장찌개 소스만 섭취하면 이는 영양학적으로 질이 떨어집니다. 건강에 좋은 두부, 애호박, 양파 등을 넣어 주어야 합니다. 이러한 야채들은 성취 기준, 학습 목표, 선생님께서 지금껏 쌓아 오신 수업 기술이나 적절한 발문들로 비유할 수 있습니다. 개발자들이 만들어 놓은 마법 소스에 선생님들의 부재료를 첨가해 주세요. 건강에도 좋고 맛도 뛰어난 된장찌개를 만드실 수 있을 겁니다.

토막 고민 해결: 기기를 잘 못 다루는 편인데 잘 할 수 있을까요?

두려움이 앞서는 선생님의 마음을 충분히 공감합니다. 학생들에게 태블릿을 나눠주었다면 절반 이상 하신 겁니다. 하다가 막히는 부분이 있으면, 해당 디지털 도구를 잘 사용하는 학생들의 도움을 받으셔도 됩니다. 특히, 모둠별로 서로 협력해야 함을 강조하면 효과적입니다. 만약 앱 기능 안내에 자신이 없으시다면, 수업 시간에 디지털 도구의 기본 기능을 안내하는 영상을 틀어 줘도 됩니다. 또한, 본 책에서 안내드리는 디지털 도구들은 간단한 것들 위주이기 때문에 코로나를 버텨낸 선생님들은 쉽게 사용하실 수 있을 겁니다.

저도 수업 중 예상하지 못한 문제가 종종 발생합니다. 디지털 기반 수업이기 때문에 앱에서 오류가 날 때도 있고, 어떤 학생 태블릿은 프로그램이 갑자기 꺼질 때도 있습니다. 그럴 때마다 학생에게 "괜찮아요, 디지털은 불안정할 때가 있어요. 껐다가 다시 한 번 해보세요."라고 하면서 다독입니다. 생각해 보면 태블릿 활용 수업이 아닌 일반 수업도 100% 완벽하지 않습니다. 집중을 못하는 학생도 있고, 딴짓을 하는 학생도 있습니다. 기기를 잘 다루든 못 다루든 태블릿 활용 수업은 여느 수업처럼 100% 완벽하지는 않지만 교사의 수업 준비를 더 수월하게 만들고, 수업의 본질인 학습 목표 도달을 손쉽게 하기 위해 효과적인 것은 분명합니다.

2장

태블릿 활용 수업 전 준비하기

태블릿 활용 수업을 하기 위해서는 수업 전에 준비해 두어야 할 사항이 몇 가지 있습니다.

미리 준비하면 다양한 활동을 보다 안정적이고

가볍게 진행할 수 있기 때문에 효과적입니다.

다음에 안내해 드리는 것을 살펴보시고 미비한 사항이 있다면 챙겨 보세요.

❶ **첫 수업의 마음가짐**: 일단 한 시간을 버텨요!

❷ **교실 환경 세팅하기**

❸ **수업 전 학생들에게 반드시 해야 하는 필수 기초 교육**

❹ **링크 공유하는 법 익히기**

❺ **결과물 수합하는 법 익히기**

❻ **교사의 태블릿 화면을 학생들에게 보여 주는 법 익히기**

첫 수업의 마음가짐
: 일단 한 시간을 버텨요!

처음은 늘 어렵습니다. 태블릿 활용 수업도 마찬가지입니다. 첫 태블릿 수업을 위해서는 학생들에게 Wi-Fi 연결을 안내해야 하는데, 이때부터 약간의 혼란이 시작됩니다. 영어 ID, 비밀번호 입력이 어렵다고 여기저기서 손 드는 학생이 보이고, 구글 ID 로그인이 안 된다고 소리 높여 외치는 학생이 있습니다. 세팅 후에도 어떠한 프로그램을 처음 쓰는 수업에서는 교사도, 학생도 막히는 부분이 생깁니다. 자연스러운 일이니 당황하지 말고 우리에게 꼭 필요한 시간이라고 생각해 주세요.

그도 그럴 것이, 같은 프로그램을 두 번째로 다루는 때부터는 교사도 학생도 갑자기 확 익숙해져 있을 겁니다. 지난 시간이 무색할 만큼 수업이 수월하게 진행할 테니까요. 그러니 딱 첫 수업만 잘 해내면 이후는 편해집니다! 하지만 두더지 게임처럼 마구 쏟아져 나오는 질문을 교사 혼자서 해결하기는 어렵습니다. 이를 슬기롭게 해결하기 위한 몇 가지 팁을 소개합니다.

● '처음 = 어렵다'를 인지시키기

프로그램은 처음 사용할 때가 가장 어렵습니다. 어떤 프로그램이든 마찬가지입니다. 저도 학생들과 어떤 앱을 처음 사용할 때는 아직도 예상치 못한 지점에서 헤매고, 학생들도 제가 예상하지 못한 지점에서 고개를 들어 질문합니다. 처음은 그런 겁니다!

하지만 안심하세요. 수업에 사용하는 프로그램들은 어려운 것들이 아닙니다. 몇 번 눌러 보면 금방 익숙해지고, 익숙해지면 두 번째, 세 번째 수업부터 바로 나아집니다. 이 점을 알고 있으면 교사에게 첫 시간의 혼돈을 견딜 힘이 생깁니다.

학생들도 마찬가지입니다. 따라서 학생들에게 이렇게 안내해 주면 좋습니다.

"처음이라 여러분이 낯설어서 그래요. 몇 번 눌러 보고 익숙해지면 다음 시간부터는 잘 다루게 될 거예요."

다음 시간부터는 익숙해져서 편할 거라는 점을 알고 있으면 학생들도 당장의 스트레스를 보다 잘 견뎌냅니다. 아이들의 인내심이 높아지면, 교사의 스트레스도 한결 줄어듭니다. 인내심이 높아진 학생들은 스스로 클릭하면서 자기 주도적으로 학습하는 상태에 들어갑니다. 고로 질문이 줄어듭니다.

● 미션 부여하기

어떤 프로그램에 반 전체가 접속이 될 때까지 등 특정 과제를 완수하는 데 시간이 얼마나 걸리는지 미션을 부여해 보세요. 미션을 먼저 완수한 학생들이 아직 어려워하는 친구들을 도와주기 위해 자발적으로 노력합니다. 반 전체 미션이 아닌 소규모 모둠별 미션으로 진행하면 더욱 효과적입니다.

서로 도와주기

새로운 프로그램을 처음 다룰 때 교실에는 질문이 쏟아집니다. 여러 명이 동시다발적으로 앞다투어 교사를 찾아도 교사에겐 입도 손도 부족해서 대처가 늦어집니다. 늦어지면 교사도 학생도 만족할 수 없게 됩니다. 이럴 때는 어떻게 하는 게 좋을까요? 아이들에게 선생님은 교실에 딱 한 명이지만 친구들은 여러 명입니다! 그러니 이렇게 안내해 주세요.

"문제가 생길 때 가장 먼저는 짝이나 모둠 친구에게 우선 묻고, 친구도 모르면 일단 함께 상의하고, 그래도 해결이 안 되었다면 그때 선생님에게 손 들고 질문하세요! 서로 도와 주어야 더욱 즐겁게 활동할 수 있어요."

첫 수업의 질문들은 대부분 그 내용이 어려운 것이 아니라 단순히 기능에 관한 것이 대부분이므로, 학생들이 서로 도우며 충분히 해결할 수 있습니다.

도와주기 규칙 알려 주기

친구를 도와줄 때 친구의 태블릿을 모두 터치해 주면 친구는 다음에도 스스로 하기 어렵습니다. 친구를 도와주고 가르쳐 줄 때는 '직접 터치해 주지 않기'가 첫 번째 규칙임을 알려 주세요. 친구가 직접 터치해서 해결하도록 도움을 주는 게 다음에 친구가 스스로 할 수 있게 만드는 좋은 도움이라는 점을 알려 주세요. 두 번째 규칙은 '친절한 말씨로 설명해 주기'입니다. 세 번째 규칙은 '도움을 받으면 고맙다고 표현하기'입니다.

[규칙 1] 직접 터치해 주지 않기
[규칙 2] 친절한 말씨로 설명해 주기
[규칙 3] 도움을 받으면 고맙다고 표현하기

* 스마트기기 활용 첫 수업 PPT 다운로드

고학년용

저학년용

달콤 수업 조각

관련 성취 기준: [4도04-02] 협동의 의미와 중요성을 알고, 경청·도덕적 대화하기·도덕적 민감성을 통해 협동할 수 있는 능력을 기른다.

서로 도와줘야 하는 이유는 이야기를 통해 전달하면 효과적입니다. 저는 아래 '알림이별 이야기'를 들려주곤 합니다. 알림이별 이야기를 들려준 후에는 우리 반이 알림이별 같은 반이 되었으면 좋겠고, 모두들 알림이별 과학자 같은 사람이 되자고 이야기합니다.

🗨 알림이별 이야기

옛날 옛날에 먼 우주에 알림이별과 고집이별이 있었어요. 알림이별과 고집이별에는 각각 천재 과학자가 살고 있었어요. 어느 날 두 별의 천재 과학자는 평생 병들지 않고 행복하게 살 수 있는 약을 거의 동시에 개발했어요. 고집이별 과학자는 약을 개발하고 생각했어요. '이 약으로 나 혼자 행복하게 평생 살아야지! 우하하하!'

10년이 지나고 고집이별에는 심한 병이 유행했어요. 사람들이 많이 죽었지만 고집이별 과학자는 약이 있었기 때문에 안전했지요. 몇 년이 더 흐르고, 고집이별에는 고집이별 과학자밖에 남지 않았어요. 고집이별 과학자는 별에서 자신이 가장 성공하고 행복한 사람이라고 생각했지요. 하지만 얼마 지나지 않아 고독한 삶이 얼마나 불행한지 깨달았어요.

어느 날 알림이별에도 심한 병이 유행했어요. 알림이별 과학자는 고집이별 과학자와 달리, 알림이별 사람들에게 약을 나눠 주었어요. 심한 병이 유행했을 때도 모두가 안전했지요. 알림이별은 모두가 병들지 않고 행복하게 살 수 있었답니다.

[초등 고학년 이상] 남을 도와줄 때의 장점

관련 성취 기준: [6국01-01] 구어 의사소통의 특성을 바탕으로 하여 듣기·말하기 활
동을 한다.
[6국01-07] 상대가 처한 상황을 이해하고 공감하며 듣는 태도를 지닌다.

친구를 도와주면 자신에게 좋은 점이 무엇이 있을지에 대해 이야기를 나누어 봅시다. 타인을 돕는 행위가 타인에게뿐만 아니라 나 자신에게 좋은 점이 있다는 것을 납득하면 타인을 더 많이 돕기 위해 노력하고, 더 잘 돕는 방법에 대해 고민하게 됩니다. 제가 가장 강조하는 점은 친구를 도와주면서 의사소통 능력이 크게 향상된다는 점입니다.

'언제나 가장 매력적인 사람으로 손꼽히는 사람은 의사소통 능력이 뛰어난 사람입니다. 일상생활에서 대화를 나눌 때도, 모둠 회의를 할 때도, 어른이 되어서 회사에서 일을 할 때도, 사업을 하며 거래처와 미팅을 할 때도 여전히 마찬가지랍니다.

타인에게 맞춰 잘 설명하며 말하는 능력, 그리고 남을 적절하게 도와줄 줄 아는 능력은 학교에서도 학원에서도 어디에서도 돈 주고는 배울 수 없는 능력이에요. 이 능력은 친구가 어떤 것을 제대로 이해하지 못했다는 것을 우리가 알았을 때, 친구가 이해할 수 있도록 알기 쉽게 설명하는 과정에서 확실하게 길러진답니다. 친구가 어떤 점에서 이해하지 못하고 있는지를 살피며 적절한 단어를 선택하고, 억양을 조절하고, 내 설명을 들은 친구의 반응을 보며 다음에 어떤 말을 이을지를 선택합니다. 이런 일련의 과정 속에서 나의 의사소통 능력은 크게 향상됩니다. 친구와의 관계가 좋아지는 건 당연하고요.'

교실 환경 세팅하기

● 앱과 웹의 차이점 알기

자주 다룰 용어부터 정리하겠습니다. 앱과 웹이 가장 중요한 기본 용어입니다. 태블릿 기기에서 앱(애플리케이션)이란 스마트 기기에 설치되어 있는 플레이스토어 Playstore 혹은 앱스토어Appstore로부터 다운로드받는 응용프로그램입니다. 방식은 스마트폰과 동일합니다. 플레이스토어와 앱스토어의 차이는 기기가 구글 안드로이드 OS를 사용하는지, 애플 OS를 사용하고 있는지의 차이입니다.

앱을 만드는 회사에서는 보통 한 개의 앱을 만들 때 스마트폰 버전을 기본으로 만들어 플레이스토어와 앱스토어 두 개의 마켓에 올려 두는데, 앱을 스마트폰 말고 태블릿에서도 이용하려면 그 회사에서 태블릿용 앱을 별도로 만들어 마켓에 올려 두었어야 합니다. 그래서 스마트폰에서는 사용 가능하지만, 태블릿에서는 사용하지 못하는 앱들이 있습니다.

웹은 어떤 프로그램이나 사이트를 인터넷 브라우저(구글 크롬, 마이크로소프트 에지, 네이버 웨일 등)를 통해 이용하는 경우입니다. 네이버에서 검색하여 들어간다거나 크롬 주소창에 URL 주소를 입력해 들어가는 경우, 링크를 눌러 들어가는 경우 등은 웹을 이용하는 경우입니다. 웹사이트라고 생각하면 편합니다.

● Wi-Fi 비밀번호 확인하기

교실 내 Wi-Fi 비밀번호를 반드시 확인해야 합니다. 만약 Wi-Fi 아이디와 비밀번호를 모른다면 정보부 선생님께 문의하도록 합니다. 영문 아이디, 영문 비밀번호를 입력해야 하기 때문에 Wi-Fi 초기 연결에도 시간이 소요된다는 걸 잊지 마세요. 먼저 마무리한 학생이 주변 학생들을 도와줄 수 있도록 해야 금세 완료됩니다. 앞서 안내드린 것처럼 반 전체나 모둠이 완료하는 데 시간이 얼마나 걸리는지를 미션처럼 수행하도록 하면 좋습니다.

if 교실에 Wi-Fi가 없거나, 수업을 진행할 수 없을 만큼 Wi-Fi가 느린 경우라면

스마트폰의 모바일 핫스팟을 활용해 보세요. 모바일 핫스팟은 스마트 기기의 설정에 들어 있는 기능으로, 이 기능을 활성화하면 주변에 Wi-Fi 신호를 보낼 수 있습니다. 태블릿에서 이 모바일 핫스팟 Wi-Fi에 접속하면 나의 휴대전화 데이터를 활용해 인터넷 접속이 가능합니다.

태블릿이 있지만 모든 교실에 Wi-Fi가 있지는 않던 시절, 모바일 핫스팟을 활용해 수업을 진행하곤 했습니다. 데이터 무제한 요금제의 스마트폰 2~4개가 있으면 가능합니다. 하나의 스마트폰당 최대 10개까지 핫스팟 동시 연결이 가능하기 때문입니다. 교사가 데이터 무제한 요금제를 사용 중이어도 추가로 다른 학생 두세 명에게 도움을 구해야 학급 전체가 Wi-Fi에 연결할 수 있습니다. 핫스팟으로 여러 기기에 Wi-Fi를 연결해 두면 배터리가 빨리 닳으므로 핫스팟을 친구들에게 연결해 준 학생들은 핸드폰 충전을 시켜 주시기를 추천합니다.

태블릿을 플레이스토어/앱스토어에 등록하기

플레이스토어 로그인

처음 사용하는 태블릿은 플레이스토어에 우선 로그인해 주어야 합니다. 그래야 앱을 다운로드받을 수 있기 때문입니다. 플레이스토어는 구글 아이디를 등록해야 로그인할 수 있습니다.

플레이스토어 클릭 ▶ 로그인 클릭 ▶ 구글 메일 주소와 비밀번호를 입력하여 로그인

학생별 구글 아이디 생성하기

학교 태블릿으로 플레이스토어에 로그인할 구글 아이디는 구글 워크스페이스를 통해 생성할 수 있습니다. 일반적으로 학교의 과학부나 정보부에서 학생별 구글 워크스페이스 계정을 생성해 배포하거나, 관리자 계정을 활용해 반별로 학생별 계정을 생성합니다. 그러므로 아직 학생별 구글 워크스페이스 아이디가 없다면 정보부에 문의하거나, 정보부 선생님께 구글 워크스페이스 학교 관리자 계정을 받아 학생 계정을 일괄 생성하면 됩니다.

생성한 구글 아이디는 당장 플레이스토어에 등록하는 데도 사용하지만, 다양한 앱/웹 활용 수업 시마다 일어나는 로그인에 사용하므로 꼭 따로 기록 혹은 저장해 두세요.

> ✔Check 1인 1기기 상황이라면 학생 개인 계정으로 플레이스토어에 로그인해도 괜찮습니다. 개인 정보 침해 우려가 적기 때문입니다. 다만 개인 계정으로 수업을 할 때는 학년 말에 꼭 로그아웃을 시켜 주어야 합니다. 플레이스토어 로그아웃 방법은 다음과 같습니다.

설정 클릭 ▶ 계정 및 백업 클릭 ▶ 구글 계정 클릭 ▶ 계정 삭제 클릭

if **플레이스토어 로그인이 잘 안 된다면**

플레이스토어 로그인 상태가 아니라면 앱 다운이 되지 않으니 수업에 앱을 활용
할 수는 없지만 웹 활용은 할 수 있습니다. 태블릿에는 기본적으로 크롬 등의 인
터넷 브라우저가 기본으로 설치되어 있기 때문에 이를 이용해 띵커벨, 박물관 홈
페이지 등에 들어가 수업에서 유용하게 활용할 수 있습니다.

if **정보부 선생님께 구글 워크스페이스 계정을 받지 못했다면**

세 가지 방법이 있습니다. 첫 번째, 학교 관리자 계정을 받으신 뒤 직접 계정을 생
성하는 방법이 있습니다. 계정 생성 방법은 에듀벤처 선생님들이 만드신 구글 워
크스페이스 가이드(https://gw.googleforeducation.org/)에 자세히 적혀 있으
니 참고해 주세요.

두 번째는 학생들이 스스로 만든 구글 아이디를 사용하는 방법입니다. 이 방법
을 사용하는 경우, 학생들이 수업 중에 갑자기 비밀번호가 기억나지 않는다고 하
며 로그인 단계로 진입하지 못하는 경우가 있으니, 사전에 비밀번호를 정확히 알
아 오도록 해야 합니다. 그리고 이 방법은 1인 1기기 환경인 경우에만 추천드립니

다. 1인 1기기가 아닌데 이 방법을 사용하면, 특정 학생의 개인 정보가 다른 학생에게 노출될 수 있기 때문입니다.

세 번째는 웹만 사용하는 방법입니다. 로그인 없이 크롬, 마이크로소프트 에지 등 기본 브라우저만 수업에 활용하는 방법입니다. 앱 없이도 웹으로 할 수 있는 수업 또한 무궁무진합니다. 학생들의 계정이 준비될 때까지 웹 활용 태블릿 수업만 진행해도 무리가 없을 것입니다.

학생별 애플 아이디 생성하기

학교의 태블릿이 아이패드라면 애플 아이디를 생성해야 합니다. 교실에서 아이패드를 활용하는 경우 애플 스쿨 매니저(https://school.apple.com/) 페이지를 통해 학생 계정을 일괄 생성할 수 있습니다.

● 태블릿 관리하기

태블릿 30개, 아이디/비번 30개 관리하기

교사가 모두 직접 등록할 수도 있지만 굉장히 번거롭습니다. 따라서 학생들에게 직접 등록하도록 하고, 스스로 하지 못하는 경우만 교사가 도와주시기를 추천드립니다. 영문을 잘 모르는 학생도 자판을 보고 그림 맞추기 형식으로 영어 아이디와 비밀번호로 로그인을 할 수 있습니다. 앞서 안내드린 것처럼 이 과정을 학생들이 서로 도우며 협력하게 하면 시간이 확실히 단축됩니다. 다만 초등 저학년인 경우, 시간이 많이 소요될 수 있으니 빠른 입력이 가능한 학생이 있다면 미리 파악해 두고 이 친구들에게 교사를 돕도록 부탁하는 것이 좋습니다. 물론, 이 과정이 더욱 스트레스 요인이 된다면 선생님께서 직접 하시는 게 좋겠습니다. 또는 띵커벨이나 패들렛에 구글 ID를 업로드해 두고, ID를 복사해 붙여 넣도록 하면 시간이 단축됩니다.

태블릿 라벨링하기

라벨지에 번호를 출력하여 태블릿에 붙여 두면 관리가 편리합니다. 1번 태블릿은 1번 학생이, 21번 태블릿은 21번 학생이 사용하도록 합니다. 학생들은 본인이 관리해야 할 태블릿이라는 것을 알기 때문에 더욱 소중하게 다루고 책임감 있게 행동합니다.

만약 기기 보관함(충전함)에 번호가 적혀 있지 않은 제품이라면 충전 단자 아래 부분에 라벨링을 하는 것을 추천 드립니다. 예를 들어 1번 단자에는 1번 태블릿을 충전할 수 있도록 합니다. 기기 보관함에 번호 순서대로 태블릿을 넣다 보면 어떠한 태블릿이 제출되었고, 어떠한 태블릿이 없는지를 빠르게 확인할 수 있어서 기기 관리에 상당히 유용합니다.

> ✓Check 기기 라벨에 구글 워크스페이스 계정 아이디와 비밀번호를 적어 두면 상시 세팅에도 아주 용이하고, 다음 해 인수인계가 굉장히 간단해집니다.

잠깐! 1인 1디바이스가 아니라 한 학년 1~2디바이스 세트라면

공용 태블릿일 경우 연구실에서 태블릿을 가져오고 반납하는 과정이 번거로워 1인 1태블릿보다 불편하긴 하지만 수업하는 데 어려움은 없습니다.

> ✓Check **플레이스토어에 태블릿 기기 등록하기**
> 여러 학생이 1기기를 사용하기 때문에 학생 개인 계정을 등록하는 게 아니라 학교에서 일괄 생성한 구글 워크스페이스 계정을 플레이스토어에 등록해서 활용하길 추천드립니다. 한 기기를 여러 명이서 쓰기 때문에 학생 개인 계정은 개인 정보 노출 위험이 크므로 추천하지 않습니다.

> ✓Check **대부분의 활동은 스마트폰으로 대체 가능**
> 태블릿 쓰는 시간을 사전에 조정하겠지만 불가피하게 시간이 겹칠 경우, 교실의 Wi-Fi

나 모바일 핫스팟을 통한 스마트폰 활용 수업도 가능합니다. 스마트폰을 활용해도 이 책에서 안내하는 수업 대부분을 무난히 해낼 수 있습니다.

수업 전 학생들에게 ──── 반드시 해야 하는 필수 기초 교육

일부는 학생들도 이미 알고 있는 내용이겠지만 다시 한번 짚어 주어야 합니다. 학생이 혼자 스마트폰이나 태블릿을 사용하는 경우와 교실에서 사용하는 경우는 규칙도 다르고 기기도 다르기 때문입니다.

● 건강 챙기기

태블릿이 전국적으로 보급되기 이전, 디지털 교과서 선도 학교에서는 태블릿을 이용한 디지털 교과서 수업을 조금 먼저 진행했습니다.

디지털 교과서 관련 연구를 통해 학생과 학부모들의 태블릿 활용 수업에 대한 역기능 인식을 살펴볼 수 있습니다. 서정희 외(2017)의 〈2016년도 디지털 교과서 효과성 검증을 위한 연구학교 사전-사후 검사〉 연구에 따르면 스마트 기기를 활용한 수업(본 연구 보고서에는 디지털 교과서 활용 수업)의 단점으로 '시력이나 자세 등에 악영향을 미친다는 점' 항목에 대한 응답이 19.1%였습니다. 안성훈 외(2020)의 〈디지털 교과서 현황 분석 및 향후 추진 방안 연구〉에서는 디지털 교과서 현황 분석에서 디지털 교과서 활용을 반대하는 학부모 중 시력 등 건강이 나빠질까봐 우려된다고 응답한 결과가 63.0%였습니다.

실제로도 태블릿 기기를 1~2교시 내내 쳐다볼 경우 눈이 피로해집니다. 바르지 않은 자세로 집중하면 건강에 좋을 수가 없습니다. 따라서 수업 중 20분에 한 번씩은 눈을 잠깐 감았다가, 먼 곳을 바라보도록 합니다. 스트레칭도 하여 고정된 자세로 인한 경직된 근육을 풀어 주도록 안내합니다.

하교 후에도 거의 하루 내내 유튜브를 보거나 SNS를 하는 학생이나 모바일 게임을 오래 하는 학생들이 정말 많습니다. 그러므로 올바른 스마트 기기 사용 방법을 알려 주는 교육은 꼭 필요합니다. 한두 번 하는 게 아니라 태블릿을 활용할 때마다 적절한 운동을 곁들이도록 하면 학생들도 이 습관에 익숙해집니다. 올바른 기기 사용 방법 교육이 반 전체 학생의 일상을 변화시키지는 못하더라도 우선 일부 학생들이라도 올바른 스마트 기기 사용법에 대해 인지하고 습관을 형성하게 되면 차차 전체적으로 긍정적인 영향이 일어나리라 믿습니다. 스마트 기기의 올바른 사용을 배울 수 있는 곳이 교실 말고 또 있을까요?

◦태블릿 관리와 학생들의 역할 분담

효과적인 태블릿 활용 수업을 위해 학생들에게 특별한 역할을 만들어 주면 좋습니다. 저희 반은 태블릿 충전 담당 학생 1명, 태블릿 수납 담당 학생 3명을 정해 모두에게 도움을 주도록 하고 있습니다.

태블릿 담당 학생을 두는 이유는 학생들이 기기 보관함에 몰려 버리면 병목현상이 발생하기 때문입니다. 그리고 수업 중 태블릿을 사용할 때는 배부 시간을 최소화하기 위해서입니다.

제가 사용 중인 방법은 다음과 같습니다. 태블릿 수업이 있는 시간에는 담당 학생 3명이 미리 기기 보관함에서 태블릿을 가져와 교탁에 차곡차곡 쌓아 둡니다.

수업 중 태블릿이 필요하면 모둠별로 1명이 나와 4~5개씩을 가져가 나눠 줍니다. 칠판 앞에 붙어 있는 출석 번호표를 보고, 태블릿에 적혀 있는 번호에 따라 해당 출석 번호 학생에게 나눠 줍니다. 출석 번호를 모를 땐 칠판을 보고 확인할 수 있게 합니다.

수업 후에는 맨 뒷자리 학생이 그 줄 학생들의 태블릿을 걷어 기기 보관함에 번호대로 정리합니다. 마지막으로 충전 담당 학생이 배터리가 닳은 태블릿은 없는지, 반납하지 않은 태블릿은 없는지를 확인합니다.

만약 태블릿을 자주 사용한다면 교실 서랍이나 사물함에 넣게 하고 활용하는 것도 하나의 방법입니다.

if ▷ **태블릿을 아침에 켜고 하루 내내 사용하게 한 뒤, 하교 시 끄고 충전하는 식으로 사용한다면**

태블릿을 자주 사용한다면 이것도 좋은 방법입니다. 저는 태블릿이 필요하기 직전 쉬는 시간에 꺼내 오도록 하는 방법을 사용하고 있지만, 이 방법도 활용 빈도에 따라 아주 좋은 방법입니다. 제가 이 방법을 사용하지 않는 이유는 점심시간에 태블릿이 방치되는 것이 불안해서입니다. 이것이 불안하지 않으시거나 교사가 자리를 비울 때의 해결 방법을 갖고 계시다면 이 방법도 효율적입니다.

태블릿 관리는 선생님만의 방식대로 이것저것 시도해 보시기를 추천합니다. 중학년 이상의 경우 학생들과 학급 회의를 통해 효율적인 관리 방법에 대해 이야기 나누다 보면 선생님만의 방법이 구축될 것입니다.

태블릿을 켜는 데 시간이 꽤 걸립니다. 이전 수업 시간이 끝나자마자 태블릿을 미리 켜 놓고 서랍에 넣어 두도록 하면 수업 중 태블릿을 사용할 때 시간을 절약할 수 있습니다. 이때, 수업 중 태블릿 내 앱들의 푸시 알람으로 소란스러울 수 있으니 음량은 0으로 설정해 둡니다.

광고 무시 교육하기

태블릿 활용 수업 중 의도치 않게 광고가 뜰 경우가 있습니다. 이때 광고를 누르게 되면 수업 흐름이 끊기고 주변 학생들도 영향을 받습니다. 수업 중이니 광고가 나오면 × 버튼이나 광고 스킵 버튼을 꼭 누르자고 약속해 둡니다. 약속을 하는 것과 안 하는 것의 차이가 크니, 광고 무시 교육은 수업의 흐름을 위해서 꼭 먼저 진행하시기를 추천 드립니다.

기본 브라우저 설정하기

수업을 하다 보면 띵커벨이나 박물관 홈페이지 등 다양한 웹 기반 프로그램들을 활용합니다. 웹을 활용할 때는 크롬이 비교적 최적화되어 있는 편입니다. 기본 브라우저를 크롬으로 설정하도록 안내하시기를 추천 드립니다.

설정 클릭 ▶ 애플리케이션 클릭 ▶ 기본 앱 선택 클릭 ▶ 브라우저 앱 항목에서 크롬을 선택 ▶
크롬이 기본 브라우저로 설정됨

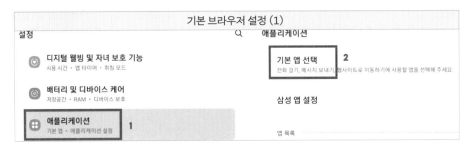
기본 브라우저 설정 (1)

✔Check 기기별로 기본 브라우저 설정 방법이 다르므로, 수업 전 확인해 주세요.

기본 앱 클릭 ▶ 브라우저 앱 클릭 ▶ 크롬 선택

기본 브라우저 설정 (2)

탭 제거와 탭 추가

✔Check 태블릿 수업을 하다 보면 크롬 탭이 여러 개 쌓입니다. 안 쓰는 탭은 [×]를 눌러 지우도
록 하고, 새 탭을 열 때는 [+]를 누르도록 안내합니다.

⦁이미지 다운하기

영상이나 보고서 등을 제작하려면 이미지를 다운로드받아야 합니다. 이미지를 검색한 뒤 해당 이미지를 지그시 길게 누르면 이미지 관리 창이 나옵니다. [이미지 다운로드]를 누르고 나면 갤러리(사진 앨범)에서 다운로드한 이미지를 확인할 수 있습니다.

✓ Check 저작권 이슈 없이 활용할 수 있는 이미지나 일러스트가 픽사베이(https://pixabay.com/ko/)에 많습니다.

✓ Check 퍼 온 이미지를 수업 중 공유 용도가 아닌 다른 곳에 올리면 저작권 문제가 발생한다는 점을 꼭 안내합니다.

⦁캡처하기 및 자르기

캡처 방법을 교사가 먼저 확인하신 뒤 학생들에게 안내해 주시면 좋습니다. 학생들이 사용해 본 스마트 기기 캡처 방법과 교실에서 쓰는 태블릿 캡처 방법이 다를 수 있고, 캡처를 해보지 않은 학생도 많을 것입니다. 캡처 후 원하는 부분만 자르는 방법도 안내하면, 학생들은 본인이 캡처한 이미지에서 원하는 부분만 사용할 수 있어 유용합니다. 이는 기기별로 다른 부분이니, 수업 전 꼭 확인해보시길 바랍니다.

액정 손상도 최소화하기

예전에 아무런 교육 없이 미술 그리기 수업을 태블릿으로 진행했더니 난리가 났습니다. 태블릿용 펜을 꾹꾹 눌러 그려 액정에 흠집을 내는 학생들이 있었기 때문입니다.

　태블릿용 펜이 함께 있는 제품을 쓰는 학교도 많을 겁니다. 다음 해에도 써야 할 학교의 공용 물품이니 펜을 사용할 때는 꾹꾹 눌러쓰지 말자고 교육하는 것은 필수입니다. 사실 그림 그리기나 글씨 메모 등의 작업을 할 때 외에는 펜이 필요할 경우가 거의 없습니다. 펜을 걷어 두고 있다가 필요할 때만 나눠 주는 것이 좋고, 학생이 관리하도록 하셔도 됩니다. 펜을 걷을지 말지는 선생님께서 선호하시는 방법으로 하시면 됩니다.

	학생이 펜 관리	펜 걷어 놓고 관리
장점	필요할 때마다 나눠 주지 않아도 됨	액정 손상도와 분실 가능성 최소화
단점	힘을 주어 필기하거나 그림 낙서를 하면 액정 손상 위험 가능성 있음	필요할 때 나눠 주기 번거로움

4 링크 공유하는 법 익히기

수업을 하다 보면 학생들에게 각종 웹페이지 링크를 전송해야 합니다. 책에서는 두 가지 방법을 제시합니다. 이외에도 협업툴이라면 어떠한 방법이라도 상관없습니다.

클래스툴 활용하기

클래스툴은 태블릿 활용 수업 시 교사와 학생이 상호 작용을 할 수 있도록 아이스크림 미디어에서 만든 도구입니다. 링크 공유 외에도 다양한 기능이 있어 유용합니다.

① 클래스툴(https://ctool.co.kr/) 페이지에서 [선생님으로 수업하기]나 [선생님으로 시작하기]를 클릭합니다. 우측 상단에 영문과 숫자가 조합되어 클래스 코드가 랜덤으로 생성됩니다. 클래스 코드는 학생들이 입력해야 하므로 이를 간단하게 바꾸기 위해 클래스 코드 오른쪽에 돋보기 모양을 클릭합니다.

② 클래스 코드 옆의 연필 모양 아이콘을 누릅니다. 클래스 코드를 숫자로 변경하면 학생들이 들어올 때 편리합니다. 마지막으로 [저장하기]를 눌러 설정을 저장합니다.

③ 학생들도 클래스툴에 접속해 보도록 하겠습니다. 먼저 플레이스토어/앱스토어에서 [클래스툴] 앱을 다운받도록 합니다. 앱 다운로드 후 클래스 코드와 번호, 이름을 입력하고 [수업 참가하기]를 클릭합니다. 입력 정보를 저장하면 다음에 접속할 때 정보가 저장되어 편리합니다.

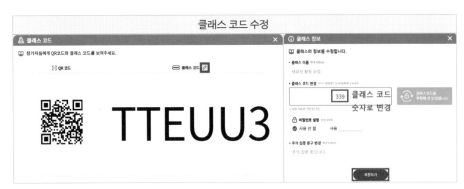

학생 접속 화면

if 앱 설치가 어려운 경우라면

크롬 등의 브라우저에서 '클래스툴 클래스 코드'를 검색한 후 들어가면 앱을 깔

지 않더라도 웹에서도 클래스툴을 활용할 수 있습니다.

웹에서 클래스툴 접속

웹 링크 전송하기

우측 상단 메뉴에서 [웹 링크]를 클릭 후 학생들에게 전송할 링크를 입력하고

[전송하기]를 누르면 접속한 학생들의 화면에서 페이지가 열립니다. 우측 상단의

[활동 종료]를 누르면 링크를 전송했던 페이지가 닫힙니다.

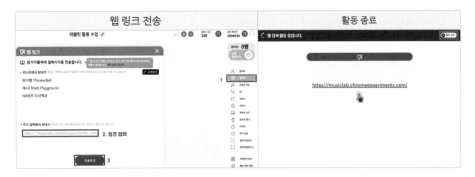

웹 링크 전송	활동 종료

✓Check 클래스툴에는 웹 링크 전송 외에도 콘텐츠 전송(이미지 등), OX 퀴즈, 객관식 퀴즈, 주
관식 퀴즈, 화이트보드, 발표자 뽑기, 타이머, 주의 집중, 결과 다운로드 등 태블릿 활용
수업에 유용한 기능이 많습니다.

한글로 QR 코드 생성하기

한글(https://han.gl/)사이트를 활용하면 링크를 QR 코드로 간단히 만들 수 있습니
다. 한글 페이지에서 학생에게 공유할 링크를 붙여 넣고 [줄이기]를 클릭합니다.
그러면 긴 URL 링크가 짧게 줄어들고 QR 코드도 생성됩니다. 생성된 QR을 인쇄
하여 나눠 주거나 확대해 보여 주면 학생들은 교사가 공유한 링크로 손쉽게 들어
올 수 있습니다.

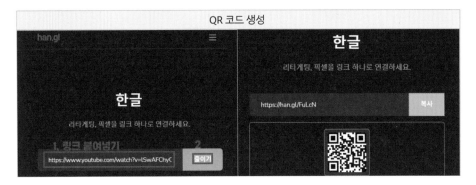

QR 코드 생성

●링크 공유함 만들기: 패들렛, 띵커벨

패들렛이나 띵커벨로 링크 공유함을 만든 다음, 공유하기 기능을 활용하면 학생들
이 QR 코드로 각종 링크에 간단히 들어올 수 있습니다.

패들렛

먼저 패들렛입니다. 비대면 수업 때 유용했던 패들렛은 대면 수업에서도 태블
릿을 활용해 유용하게 쓸 수 있습니다. 패들렛은 협업 도구로 링크를 공유할 때나
학생들이 여러 의견을 서로 공유할 때 태블릿 활용 수업에서 다양하게 활용할 수
있습니다.

1 패들렛(https://ko.padlet.com/) 홈페이지 우측 상단 [만들기]를 클릭하고 여러
가지 패들렛 틀 가운데 기본이 되는 2 [담벼락]을 선택합니다.

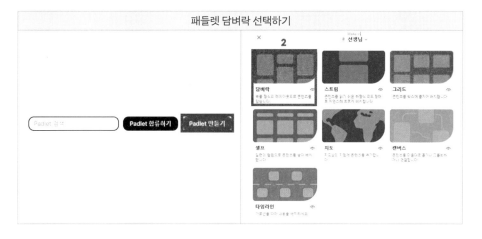

패들렛 담벼락 선택하기

1 우측 하단 [+]를 누르면 여러 보드를 입력할 수 있습니다. 자주 쓰는 링크나 수업 중 사용할 링크를 보드에 붙여 넣습니다.

2 우측 상단 [화살표]를 누르면 패들렛으로 들어올 수 있는 QR 코드를 생성할 수 있습니다. 학생들은 QR 코드를 보고 패들렛으로 들어온 다음, 교사가 지시한 링크로 들어갈 수 있습니다.

3 게시물을 편집, 삭제하거나 색을 변경하려면 보드의 우측 상단 [점 세 개]를 클릭합니다.

4 패들렛의 제목 등을 수정하려면 [톱니바퀴]를 클릭합니다.

띵커벨

다음으로 띵커벨로 링크 공유함을 만들어 보도록 하겠습니다. 띵커벨은 아이스크림 미디어에서 만든 프로그램으로 퀴즈, 보드, 토의·토론, 워크시트 등 태블릿 활용 수업 시 필요한 여러 기능들을 모아 둔 프로그램입니다. 태블릿 활용 수업 시 유용하게 활용됩니다.

1 띵커벨(https://www.tkbell.co.kr/) 페이지에 들어가 로그인 후 [만들기]를 클릭합니다. **2** 먼저 [보드]를 클릭합니다. [보드]는 패들렛과 비슷한 형태로, 글을 생성하면 카드 형태로 보이게 합니다. **3** 보드 제목을 입력한 뒤 **4** 가장 기본이 되는 [타일형]을 클릭합니다. **5** [완료]를 누르면 띵커벨 보드가 생성됩니다.

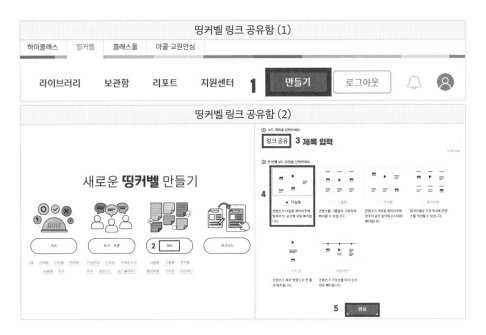

기본적인 구성과 생성, 편집 방법은 패들렛과 비슷합니다. 띵커벨의 여러 툴 가운데 선생님께서 편한 방법을 택해 이용하시면 됩니다. 처음에는 어려워도 몇 번 하다 보면 익숙해지고 시간이 매우 단축될 것입니다.

1 우측 하단에 [+]를 누르면 여러 보드를 생성할 수 있습니다. 수업 중 사용할 링크들을 붙여 넣습니다.

2 우측 상단에 [공유]를 누른 뒤 공개 대상을 변경하면 띵커벨 보드로 들어오는 QR 코드를 나오게 설정할 수 있습니다. 학생들은 QR 코드를 인식하여 띵커벨 보드로 들어오게 됩니다.

3 보드의 우측 상단 [점 세 개]를 클릭하면 보드의 내용 수정, 삭제, 배경 색을 변경할 수 있습니다.

4 톱니바퀴 모양 [설정]을 누르면 보드의 제목, 배경 화면, 학생들이 페이지로 들어왔을 때 닉네임, 댓글, 좋아요 등의 세부 설정을 할 수 있습니다.

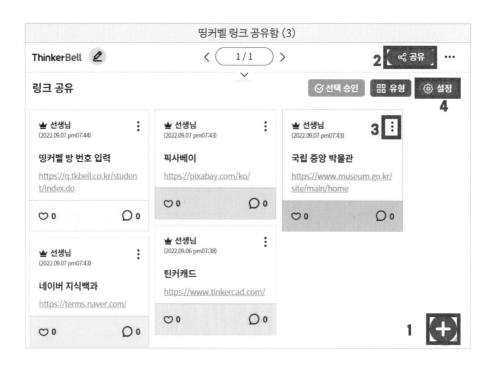

if **모든 학생이 한 번에 교사가 공유한 패들렛이나 띵커벨로 들어오도록 하고 싶다면: QR 코드**

패들렛 QR 코드와 띵커벨 QR 코드는 화면이 꽉 차도록 크게 출력됩니다. 학생들은 카메라 앱을 이용해 앉은 자리에서 QR 코드를 인식할 수 있습니다.

if **기본 카메라가 QR 코드를 인식하지 못한다면**

대부분의 기기는 카메라를 켠 뒤 QR 코드를 비추면 초점이 맞을 때 바로 해당 링크로 이동됩니다. 만약 해당 기능이 작동하지 않는다면, QR 스캐너 앱을 다운받아서 활용하도록 합니다. QR 스캐너 앱은 인식률이 좋습니다.

if **자주 쓰는 링크가 있다면: 홈 화면에 추가하기**

크롬에서 우측 상단 [점 세 개]를 클릭하고 [홈 화면에 추가]를 클릭하면 기기의 바탕 화면에 바로 가기가 추가됩니다. 자주 쓰는 링크가 있다면 이를 홈 화면에 바로 가기를 만들어 두도록 안내해 주세요. 이후 교사가 따로 링크를 공유하지 않아도 되어서 편리해집니다.

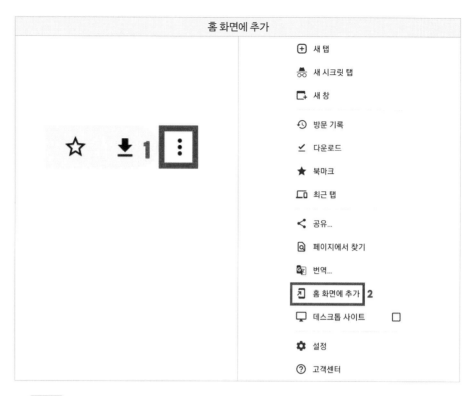

홈 화면에 추가	
☆ ↓ 1 ⋮	⊕ 새 탭
	🕶 새 시크릿 탭
	⊡ 새 창
	🕘 방문 기록
	↙ 다운로드
	★ 북마크
	⊡ 최근 탭
	< 공유...
	🔍 페이지에서 찾기
	🔤 번역...
	⬀ 홈 화면에 추가 2
	🖥 데스크톱 사이트 ☐
	⚙ 설정
	⑦ 고객센터

✓Check 그림 [홈 화면에 추가]는 태블릿에서 크롬으로 들어갔을 경우입니다. 인터넷 브라우저별

홈 화면 설정은 저마다 다를 수 있습니다.

5 결과물 수합하는 법 익히기

협업 프로그램을 활용하면 학생들의 각종 활동 결과물을 손쉽게 수합할 수 있습니다. 많이 사용하는 방법은 띵커벨 보드나 패들렛을 활용하는 방법입니다. 학생들은 교사가 준 링크나 QR 코드를 통해 띵커벨 보드나 패들렛에 들어와서 자신의 결과물을 업로드할 수 있습니다.

수채화, 색칠, 만들기 등을 한 미술 작품도 카메라로 촬영해서 업로드하면 미술 작품을 디지털화할 수 있습니다. 또한 캡처 이미지, 링크, 다운로드 파일을 업로드하게 해서 학생들의 결과물을 수합할 수 있습니다. 결과물을 수합해 두면 이후에는 아무리 과거에 만들었던 작품이더라도 언제든지 접속해 꺼내 볼 수 있으며, 우리 반만의 포트폴리오를 손쉽게 만들어 갈 수 있습니다. 현재 무료 요금제에서 띵커벨 보드는 10개, 패들렛은 3개를 생성할 수 있습니다.

페이지를 이미지로 저장하는 다운로드 방법은 다음과 같습니다. 이렇게 학생들의
결과물을 이미지로 저장해 두면 우리 반 포트폴리오를 간단히 만들 수 있습니다.

띵커벨 ▶ 우측 상단 [공유] 클릭
패들렛 ▶ 우측 상단 [화살표] 모양 클릭

교사의 태블릿 화면을
학생들에게 보여 주는 법 익히기

웹은 인터넷 브라우저를 통해 들어가기 때문에 교실에서 수업하듯이 안내하는 데 특별한 설정이 필요하지 않습니다. 그러나 태블릿 앱을 이용할 때는 교사의 태블릿 화면을 학생들에게 보여 주어야 하고 별도의 설정이 필요합니다.

● 미러링 앱: 삼성 태블릿의 윈도우 유선 미러링

갤럭시 탭의 경우 삼성 플로우Saumsung Flow를 활용하면 됩니다. 삼성 플로우는 다음 과 같은 방법으로 설치하고 유선으로 연결할 수 있습니다.

PC의 좌측 하단 검색창에 [Microsoft Store]를 검색하고 선택하여 실행 ▶
[Samsung Flow]를 검색하여 다운로드 ▶ 태블릿에서도 플레이스토어에 [Samsung Flow]
앱을 다운받고 실행한 뒤 디바이스를 등록(인증코드 입력) ▶
인증 후 [스마트 뷰] 아이콘 클릭하면 태블릿 화면이 PC에서 보임.

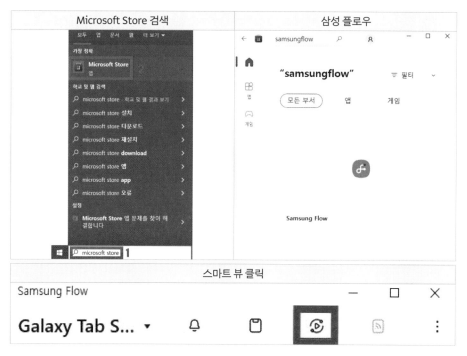

✓Check 위 방법은 삼성 제품인 경우만 가능합니다. 다양한 미러링 방법이 있으며, 선생님들께
서 많이 사용하시는 방법은 다음과 같습니다.

if 미러링을 지원하는 스마트 TV라면

삼성 스마트 기기의 경우 알림창을 열어 [Smart View]를 클릭한 뒤, 연결할 TV
를 선택하면 무선 미러링이 됩니다. 학교에 TV가 스마트 TV인데도 모르는 경우
가 많습니다. TV 제품명을 인터넷에 검색하여, 상세 설명을 살펴보도록 합니다.

if 스마트 TV가 아니라면 (1) 미라캐스트

Wi-Fi 신호로 TV와 태블릿을 무선 미러링할 수 있는 '미라캐스트'를 활용하면

됩니다. 가격대는 2~6만 원 선으로 다양합니다. 미라캐스트별로 지원 기기와 연결 방법에 차이가 있으니 구매 시 상세 정보를 살펴보고, 미러링을 지원하는 기기인지 꼭 확인해야 합니다.

if ▶ 무선 미러링보다 안정적인 유선 미러링: C to HDMI, 라이트닝(8pin) to HDMI

유선 미러링은 무선 미러링에 비해 끊김 현상이 적어 수업에 안정적으로 활용할 수 있습니다. 유선 미러링을 하는 방법은 태블릿의 케이블 단자와 TV의 HDMI 단자를 연결하는 것입니다. 이때 선의 길이는 활동 반경 등을 고려하여 넉넉히 긴 것으로 구매할 것을 추천드립니다.

유선 미러링을 위해서는 태블릿의 케이블 단자가 C 타입(갤럭시 등)인지, 라이트닝(8pin, 애플 제품 등)인지 확인해야 합니다. C to HDMI 케이블은 시중에 최대 10m 정도의 긴 케이블도 판매되고 있습니다. 그러나 라이트닝(8pin) to HDMI 케이블은 직접 연결되는 케이블이 2m 가량으로 길지가 않아 사용이 불편할 수 있습니다. 따라서 라이트닝(8pin) to HDMI 젠더를 태블릿에 연결한 후, 길이가 긴 HDMI to HDMI 케이블로 젠더와 TV를 한 번 더 연결해 주면 됩니다.

if ▶ 무선 미러링 중이라면: 움직이는 실물 화상기

무선 미러링 상태에서 태블릿의 카메라를 켜 보세요. 움직이는 실물 화상기가 됩니다. 태블릿을 들고 교실을 돌아다니면서 학생들의 결과물을 비추어 주세요. 모두가 TV를 보며 공유할 수 있습니다.

if ▶ 미러링이 번거롭거나 어려운 경우라면 (1)

실물 화상기를 이용하면 됩니다. 간편하긴 하지만 형광등의 빛이 태블릿에 반사되는 부분의 형광등만 끄면, 100% 만족스럽지는 않지만 사용할만 합니다. 저도 가장 많이 사용하는 방법 중 하나입니다.

if ▶ 미러링이 번거롭거나 어려운 경우라면 (2)

학교 컴퓨터에 ZOOM 회의를 열고, 스마트폰이나 태블릿으로 회의에 들어가면 무선 미러링이 가능합니다. 약간의 딜레이가 발생하지만, 무선으로 학생들의 작품을 보여 주기에 유용한 방법 중 하나입니다.

태블릿으로 형형색색 문제 풀이

유선·무선 미러링 기능을 사용하면 자료 설명이나 그림 설명, 문제 풀이를 할 때 매우 유용합니다. 왜냐하면 미러링한 자료를 형형색색 필기하여 설명할 수 있기 때문입니다.

교과서 PDF를 다운받거나 학생들에게 보여줄 PDF 파일을 다운받은 후, PDF에 쓰기 앱이나 Flexcil(플렉슬) 앱 등의 노트 앱을 활용하면 됩니다. 이를 통해 학생들은 교사의 필기 화면을 크게 볼 수 있습니다. 즉, 전자 칠판이 없어도 전자 칠판처럼 형형색색으로 필기를 하거나 원하는 부분의 확대가 가능하기 때문에 매우 유용합니다.

태블릿에서 [파일] 혹은 [내 파일]을 클릭하고 [문서]에서 열 파일을 선택합니다. Flexcil 앱 등의 노트앱을 클릭해도 PDF 파일에 필기가 가능하며, 다음 그림처럼 태블릿에 기본으로 설치된 'PDF에 쓰기' 앱을 선택할 수도 있습니다.

다운로드 받은 PDF상에 필기할 수 있는 앱이 다양하지만, 그중 기본적으로 설치되어 많이 쓰이는 'PDF에 쓰기' 앱을 알아보겠습니다. 다음의 그림 [형형색색 필기하기]처럼 좌측 상단의 글자 서식을 변경하거나 되돌리기가 가능하며, 펜의 굵기 및 색깔을 변경할 수 있습니다. 즉, 전자 칠판이 없어도 다양한 색으로 필기가 가능합니다. 미러링을 기반으로 한 형형색색 필기 수업은 멀티미디어 자료 위에 필기를 해야 할 때나 문제 풀이 수업을 할 때 매우 유용합니다.

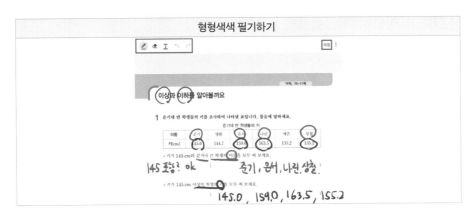

✓Check PDF에 쓰기 앱 말고도 안드로이드는 Flexcil, iOS는 굿노트 앱을 필기용으로 많이 사용합니다.

교과서 PDF 다운로드

전자 저작물 USB나 대부분의 검·인정 교과서 출판사 홈페이지, 에듀넷 티클리어(https://dtbook.edunet.net/)를 통해 교과서 PDF를 다운받을 수 있습니다. 다음은 검·인정이 아닌 초등 국정 교과서를 다운로드받는 방법입니다.

수업 클릭 ▶ 디지털 교과서 클릭 ▶ 선생님 전용 서비스 클릭 ▶ 초등 국정 교과서 클릭

✓Check 검·인정 교과서의 경우 출판사 홈페이지의 자료실에서 교과서 PDF 파일을 제공하는 경우가 많습니다.

3장

루틴화할 수 있는 교과 수업

공부가 재미있으면 얼마나 좋을까요?

태블릿을 활용하면 공부에 조금 더 흥미를 붙일 수 있도록 도울 수 있습니다.

뿐만 아니라 학습 목표를 성취하는 데 큰 도움을 주기도 하지요.

옆 반 선생님은 태블릿을 자주 쓰던데 도대체 무엇을 하는 걸까 궁금하신 적은 없으신가요?

본격적으로 교과 수업에서 태블릿을 어떻게 활용하는지 알아보겠습니다.

❶ [국어] 소통형 도구 활용 수업: 띵커벨 보드

❷ [수학] 빠르게 착착! 문제지 나눠 주고 채점하기 & 도형 전개도 접고 이동시키기

    : 미래엔 AI CLASS & 비상교육 도형 길잡이

❸ [영어] 한 번의 입력으로 여러 퀴즈를 만드는 Wordwall

❹ [과학, 사회] 학생들이 열광하는 VR/AR 수업: 실감형 콘텐츠

❺ [음악] 다양한 악기 연주하기 & 작곡하기: 키림바 & 송 메이커

❻ [미술] 손 버리지 않는 스케치북, 팔레트, 붓 활용하기

    : 8bit 화가 & Real Color Mixer & Silk Art Portrait & Zen Brush

❼ [미술, 기술] 3D 모델링으로 미래 역량 기르기: 틴커캐드

❽ [실과] 나의 생활 공간 만들기: 룸플래너

1 국어

소통형 도구 활용 수업

: 띵커벨 보드

수업 활동 중 학생들 전체의 의견이나 전체의 경험을 모으는 경우가 있습니다. 이때 많은 선생님들이 점착식 메모지를 활용합니다. 학생들에게 각자 메모지를 나눠주고, 칠판에 붙이게 하는 등의 방법으로 모두 모읍니다. 그 후 교사가 각 메모지를 하나씩 읽으면서 학생들에게 공유하는 것이죠. 점착식 메모지를 이용한 이 방법은 학생들의 의견을 모으기는 쉽지만, 공유하기는 수월하지 않습니다. 작은 메모지의 내용은 교사 한 명에게만 보이고, 따라서 그 내용은 교사를 거쳐 교사의 입으로 발화되기 때문에 공유하는 데 한계가 있습니다.

하지만 태블릿을 활용하면 학생들의 의견을 쉽게 모을 뿐 아니라 학생들의 의견을 공유하는 데 아주 유용합니다. 자신의 의견을 쓰면 실시간으로 전체 친구들에게 보입니다. 마치 클릭 한 번으로 30개 가까운 메모지가 우리 반 모든 학생의 책상에 붙여지는 것과 같습니다. 학생들 전체의 의견을 학생 모두가 한눈에 확인할 수 있습니다.

　한 걸음 더 나아가, 각 내용을 듣거나 보고 그치는 것이 아니라 교사의 피드백이나 친구들의 피드백도 실시간으로 주고받을 수 있습니다. 즉, 과거의 교실에서 점착식 메모지로 학생 전체의 의견을 공유하는 소통형 수업을 넘어선 실시간 반응형 소통 수업이 가능합니다. 생각과 의견을 공유할 뿐 아니라, 글쓰기와 토의 · 토론 수업도 가능합니다. 친구의 글을 보고 느낀 점이나 자신의 의견을 공유하거나, 친구가 쓴 글을 피드백하며 부족한 점을 서로 보완해 주는 등 주변 친구들을 통해 성장할 수 있는 글쓰기도 가능합니다.

　이러한 장점 때문에 코로나로 인해 비대면 수업이 활발하던 시기에 수업에서 가장 많이, 쉽게 사용되었던 프로그램이 바로 이 소통형 도구인 띵커벨과 패들렛입니다. 태블릿이 있다면 교실에서도 그 효과를 그대로 누릴 수 있습니다.

　수업 사례를 보며 수업 아이디어를 고민해 보기 전에, 2-5장에서 다루었던 띵커벨 보드의 다양한 기능을 간단히 알아보도록 하겠습니다. 띵커벨 홈페이지(https://www.tkbell.co.kr/)에서 [만들기]를 클릭하고 [그림 3-1-1]과 같이 보드를 클릭하면 보드 제목과 보드 종류를 설정할 수 있습니다. 2-5장에서 다루었던 기본 유형인 타일형, 모둠 활동을 할 때 유용한 그룹형, 어떤 학생이 콘텐츠를 올렸는지 안 올렸는지 한 번에 파악할 수 있는 출석부형, 시간의 흐름을 시각적으로 표현할 수 있는 타임라인 유형 등이 있습니다. 3-1장에서는 콘텐츠 업로드형 수업 시 가장 유용하게 쓰일 만한 출석부형을 알아보겠습니다.

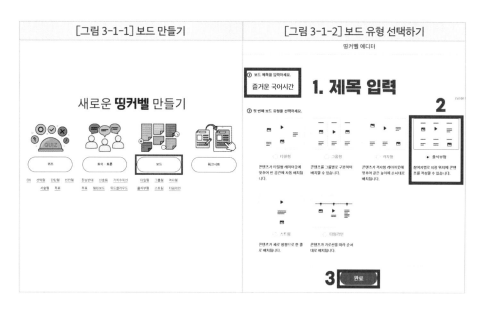

[그림 3-1-1] 보드 만들기	[그림 3-1-2] 보드 유형 선택하기

출석부형을 클릭 후 좌측 상단에서 [복수 그룹]을 설정하여 학생 수만큼 그룹을 만듭니다. 그룹은 최대 40개까지 만들 수 있습니다. 그룹을 생성하면 [그림 3-1-4]와 같이 번호가 매겨져 그룹이 생성되고, 학생들은 자신의 출석 번호에 맞는 그룹에 [+] 버튼을 눌러 콘텐츠를 입력할 수 있습니다.

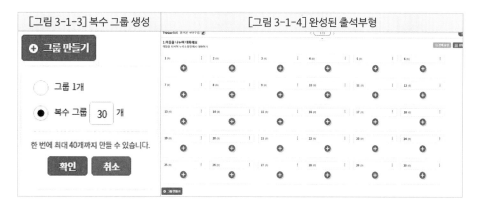

[그림 3-1-3] 복수 그룹 생성	[그림 3-1-4] 완성된 출석부형

본인 출석 번호에서 [+] 버튼을 누르면 [그림 3-1-5]처럼 학생들이 직접 제목과 내용을 입력할 수 있습니다. 1을 클릭하면 태블릿에 저장되어 있는 사진이나 PPT, 한글 파일 등의 자료를 업로드할 수 있고, 2를 클릭하면 링크를 첨부할 수 있습니다. 링크 입력은 유튜브 동영상 등을 공유하기에 유용합니다. 3만 유료 기능으로 그림판에 그림을 그려 첨부할 수 있습니다. 입력을 완료하면 접속한 모든 사람들의 창에 그 내용이 즉각 반영되어 모두 볼 수 있게 됩니다.

입력한 게시물의 우측 상단의 [점 세 개 모양]을 클릭하면 배경색을 바꾸거나 [공지 지정]을 눌러 학생들 작품 중 잘된 것을 예시 작품으로 상단에 고정시킬 수 있습니다. 또한 긴 글을 펼치거나 접을 수도 있으며, [편집]을 클릭하여 완성된 글을 수정하는 것도 가능합니다.

[그림 3-1-5] 내용 입력 및 자료 업로드   [그림 3-1-6] 게시물 수정

소통형 도구를 수업과 연결하기 ① 자료 업로드형 수업

자료 업로드형 수업이란, 교사가 제시한 과제를 해결하기 위해 학생들이 인터넷에서 이미지나 링크 등의 자료를 삽입하는 수업 형태입니다. 기존의 수업은 학생들이 이미지를 출력해서 오린 다음, A4 용지에 붙이는 형태로 이루어졌다면, 디지털 공간에서는 훨씬 간단합니다. 소통형 도구인 패들렛이나 땡커벨 보드를 사용하면 이미지를 통해 자신의 감정이나 생각, 의견 등을 표현하거나 자신이 조사한 자료의 링크를 업로드하고, 친구가 조사한 자료를 학습하여 피드백도 남길 수 있습니다.

수업 사례 ①

관련 단원

초등 5학년 2학기 국어 1. 마음을 나누며 대화해요

관련 성취 기준

- [4국01-06] 예의를 지키며 듣고 말하는 태도를 지닌다.
- [6국07-07] 상대가 처한 상황을 이해하고 공감하며 듣는 태도를 지닌다.
- [6국03-02] 목적이나 주제에 따라 알맞은 내용과 매체를 선정하여 글을 쓴다.

수업 흐름

수업 단계	수업 내용 및 활동	시간
도입	– 누리 소통망 사용 경험 이야기하기	5'
전개	– 누리 소통망의 영향과 누리 소통망에서 대화하는 방법 생각하기	15'
	– 누리 소통망에서 상대의 말에 공감하며 대화하기	15'
정리	– 누리 소통망에서 대화하는 방법 정리하기	5'

수업 소개

이 수업은 누리 소통망SNS 예절에 대해 학습하는 차시입니다. 학생들이 모두 카카오톡, 틱톡 등에 접속하여 이 수업을 하긴 쉽지 않습니다. 그렇다고 그냥 교과서에 적고 넘어가기에는 아쉬운 차시입니다. 단지 누리 소통망의 사용 경험과 대화하는 방법을 배우고 끝나는 것이 아니라, 소통형 도구(땅커벨 보드, 패들렛 등)를 사용하면 누리 소통망을 체험해 볼 수 있습니다.

땅커벨 보드의 경우 출석부형으로 각자의 칸을 만들고, 각 칸이 자신의 SNS라고 생각한 뒤 자유롭게 글을 쓰게 합니다. 그럼 각 학생들이 자신의 SNS에 글을 쓰고, 다른 학생들이 댓글을 달거나 공감 표시(하트)를 하며 예절을 지켜 누리 소통망에서 대화하는 것을 실제로 해볼 수 있습니다. 이 외에도 이미지를 삽입하여 자신의 감정이나 생각, 의견을 표현하는 수업의 경우에 유용하게 사용할 수 있습니다.

[3-1-7] 이미지 업로드 수업 예시

수업 사례 ②

관련 단원

초등 5학년 1학기 실과 3. 가정생활과 안전(미래엔 기준)

관련 성취 기준

- [6실02-02] 성장기에 필요한 간식의 중요성을 이해하고 간식을 선택하거나 만들어 먹을 수 있으며, 이때 식생활 예절을 적용한다.

수업 흐름

수업 단계	수업 내용 및 활동	시간
도입	- 좋아하는 간식 이야기하기	5'
전개	- 간식의 필요성 및 올바른 간식 선택 방법 알아보기	15'
	- 성장기의 필요한 간식 조사하기	10'
	- 친구들이 조사한 간식 클릭해 보기	5'
정리	- 올바른 간식 습관 정리	5'

수업 소개

이 수업은 간식의 필요성 및 올바른 간식 방법에 대해 학습한 뒤, 성장기에 필요한 간식을 직접 조사해 보는 활동입니다. 학생들이 게시글에 링크를 붙여 넣으면 [그림 3-1-8]처럼 웹페이지 링크가 함께 나옵니다. 학생들은 친구가 찾은 링크로 들어가 친구가 조사한 내용에 대해서도 학습합니다. 교과서에서 배운 것보다 실생활 자료들을 활용할 수 있고, 학생들은 친구들이 조사한 자료들을 보면서 능동적으로 학습하게 됩니다. 즉 조사 보고서까지만 만드는 활동이 아니라, 교과 내용의 실생활 사례를 간단하게 조사해 보는 수업에서 유용하게 사용할 수 있습니다.

[그림 3-1-8] 링크 업로드 수업 예시

[그림 3-1-9]

✔Check 업로드 시에 링크를 삽입하면 썸네일이 보이게 설정됩니다.

if **수업 중간 중간에 태블릿을 쓰려고 한다면**

예를 들어 활동 1에 한 번, 활동 3에 한 번 소통형 도구(띵커벨 보드, 패들렛)를 활용하려 한다고 가정합시다. 태블릿을 다시 걷었다가 나눠 주기엔 시간 소요가 많이 될 것 같고, 계속 태블릿을 책상 위에 두고 있자니 학생들이 수업에 집중을 못할까 걱정이 되실 수 있습니다. 이럴 경우 수업 중간에 태블릿을 안 쓰는 동안에는 잠깐 책상 서랍에 넣어 두도록 지도하시면 시간 절약도 되고, 태블릿이 책상 위에 없으니 수업 집중도도 유지됩니다.

소통형 도구를 수업과 연결하기 ② 글쓰기 수업

글쓰기(작문) 시 일반적으로 교과서에 글을 쓰거나, 학습지에 글을 씁니다. 이러한 경우 교사가 피드백을 남기면 학생은 한 번 읽어 보고 끝나는 경우가 많습니다. 교사의 피드백을 참고해서 학생이 글을 수정하는 것은 꽤나 어렵기 때문입니다. 피드백을 반영하여 글을 수정하려면 지우개로 지워도 자국이 남는 등 한계가 있고, 특히 새로운 문단을 삽입하거나 문단 구분이 잘못된 경우는 고치기엔 차라리 다시 쓰는 게 나을 정도입니다. 고쳐쓰기를 통해 학생이 교사의 피드백을 글에 반영하고, 본인의 글을 수정하면서 작문 실력이 향상될 것이라는 점에는 누구나 동의하겠지만, 위에서 제시한 어려움 때문에 자주 하기는 어려웠습니다.

하지만 소통형 도구(띵커벨 보드, 패들렛 등)를 활용할 경우 피드백은 물론이고 수정도 실시간으로 간편하게 가능하여, 완성도 높은 하나의 글을 쓸 수 있습니다. 또한 피드백이 말로만 그치지 않고 기록으로 남습니다. 고쳐쓰기가 수월할 뿐 아니라 다른 학생들이 쓴 글을 보고 좋은 점을 배울 수도 있습니다. 교과서에 제시되었거나 교사가 제시한 예시 글보다 옆에 앉은 친구가 쓴 좋은 글은 학생 입장에서 어떠한 것보다 좋은 동료 학습 재료입니다. 그리고 글쓰기 완성 속도 차이가 날 때 친구들의 글을 보며 기다릴 수 있습니다. 디지털 글쓰기만의 장점도 많으니 디지털 세대 아이들에게 가끔 시도해 보는 게 어떨까요?

✓Check 수업 전 학생들과 태블릿으로 글을 쓰면 좋은 점에 대해 이야기해 보세요. 학생들도 공감을 하고 더욱 열심히 글을 씁니다.

수업 사례 ①

관련 단원

초등 5학년 2학기 국어 2. 지식이나 경험을 활용해요

관련 성취 기준

- [6국03-05]체험한 일에 대한 감상이 드러나게 글을 쓴다.

1~2차시 수업 흐름

수업 단계	수업 내용 및 활동	시간
도입	- 1학기 때 배웠던 기행문 쓰는 방법 떠올리기	5'
전개	- 인상 깊은 경험 떠올리기	5'
	- 감상이 드러나게 글을 쓰는 방법을 알아보고 글에 들어갈 내용 정리하기	20'
	- 체험한 일을 떠올리며 감상이 잘 드러나게 글쓰기 및 고쳐쓰기	35'
	- 친구들 글 읽어 보기	10'
정리	- 핵심 정리	5'

수업소개

소통형 도구를 사용한 글쓰기 수업은 글쓰기가 있는 어떠한 단원이든 가능합니다. 그중 위 수업은 체험한 일을 떠올리며 감상이 드러나게 글을 쓰는 차시로, 글에 들어갈 내용을 정리한 뒤 소통형 도구에 글을 쓰고, 교사가 피드백을 하고, 친구들의 글을 읽어 보는 수업입니다. 구체적으로는 [그림 3-1-12]와 같이 교사가 해당 글 아래에 댓글을 달아 피드백을 줄 수 있습니다.

[3-1-12] 배경색 활용 피드백

글의 주제와 어긋난 맥락이나 어색한 표현, 문단 나누기, 맞춤법 등에 대한 피드백을 줄 수도 있지만, 학생들이 쓴 글 중 잘 쓴 글이 있으면 친구의 글을 참고해서 쓰라고 피드백할 수도 있습니다. 예를 들어 앞서 나온 그림에서 노란색 배경 댓글에 '20번 친구의 글을 참고하도록 해요'와 같이 친구의 글을 참고하라고 하는 경우입니다. 배경 색을 넣는 기능도 활용하면 효과적입니다.

노란색	초록색	빨간색
- 글을 완성하면 학생이 배경색을 노란색으로 변경 - 교사는 노란색만 보고 피드백 (댓글) 남김	- 교사가 피드백(댓글) 후 초록색으로 변경. 초록색 배경은 학생에게 고치라는 의미 - 본인 글이 초록색이 되면 학생들은 수정을 하게 됨. 수정 후엔 다시 노란색으로 변경	- 통과한 글 - 학생들이 보고 배우게 됨(참고)

이러면 교사가 노란색 글만 검사하면 되므로 편리합니다. 학생들은 초록색 글을 보며 교사의 주요 피드백이 무엇인지 확인하고, 미리 자기 글에 피드백을 반영하여 빨간색(통과) 글이 되기 위해 노력합니다. 또한, 교사가 따로 피드백을 주지 않아도 빨간색 글을 보고 잘 쓴 점을 배웁니다.

✓Check 띵커벨 보드는 학생들이 글을 쓰는 도중에 설정을 변경하면 해당 보드의 편집 중인 글은 리셋됩니다. 설정 변경 전에 미리 게시물을 업로드하도록 지도합니다.

✓Check 패들렛도 배경색 변경이 가능하므로, 배경색 기반 글쓰기 수업이 가능합니다.

글쓰기 후 교사가 피드백을 줄 수도 있지만, 학생이 다른 학생에게 피드백을 해주는 것도 가능합니다. 예를 들어 [그림 3-1-13]처럼 맞춤법이나 높임법, 문장 부호, 문장의 호응, 어색한 표현 등을 바탕으로 친구의 글에 피드백을 줄 수도 있고, 잘된 점을 칭찬하는 피드백을 줄 수도 있습니다.

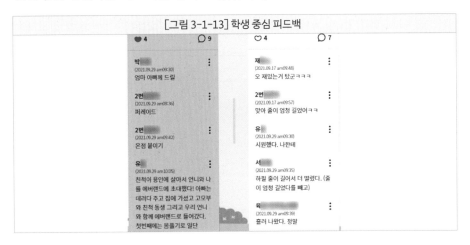

[그림 3-1-13] 학생 중심 피드백

요약하자면 태블릿을 활용한 글쓰기 수업의 장점은 다음과 같습니다.

- 고쳐 쓰기에 특화되어 있다.(배경 색 변경을 활용하면 더욱 효과적입니다)
- 교사, 학생이 댓글을 통해 피드백을 줄 수 있다.
- 다른 학생들이 쓴 글을 보고 성장할 수 있다.
- 글씨가 바르게 써지므로 교사가 학생의 글을 읽기에 수월하다.
- 글쓰기 완성 시간이 차이가 날 때, 다 한 학생은 다른 학생들의 글을 보며 기다릴 수 있다.

✓Check 글쓰기 수업 전 지난번 썼던 글과 댓글을 보고 피드백을 참고합니다.

✓Check 띵커벨 보드나 패들렛이 아니어도 학생이 작성한 글이 내용이 교사에게 전달되는 도구라면 어떤 것이든 글쓰기 수업이 가능합니다. 구글 독스, 노션, 네이버 카페 등 선생님께 편한 다른 도구를 사용하여 태블릿 기반 글쓰기 수업의 효과를 낼 수 있습니다.

✓Check 소통형 도구에 글쓰기를 하면, 다른 친구가 잘 쓴 글을 참고해 자신의 글에 적용하는 과정에서 '표절' 갈등이 발생할 수 있습니다. 선생님께서 미리 다른 친구가 잘 쓴 글을 참고하는 것은 '표절'이 아니라 '학습의 일환'이라는 것을 교육하면 효과적입니다. 즉, 만약 친구가 본인의 문장을 참고했다면 이는 글을 매력적으로 잘 작성했다는 것이며, 서로 잘 쓴 글을 참고하고 자신의 것에 녹여 내는 과정에서 함께 성장하는 것임을 주지시킵니다.

앞에서 배운 떵커벨 보드를 활용해 토의·토론 수업도 가능합니다. 이미 배운 떵커벨 보드로 토의·토론하는 방법을 알아보겠습니다.

첫 번째로 PMI 토의를 할 수 있습니다. PMI 토의는 PMI 기법을 활용한 것으로, 이는 한 아이디어에 대해 장점Plus, 단점Minus, 흥미로운 점Interesting, 대안을 다각적으로 살펴보는 기법입니다. 태블릿을 사용하면 PMI(장점, 단점, 흥미로운 점, 대안)를 한눈에 볼 수 있기 때문에 매력적이고, 배경색 지정을 통해 각 단계별로 다른 색을 지정한다면 더욱 효과적입니다. 소외되는 학생 없이 모두가 의견을 내고 공유한다는 점이나 반 전체의 다양한 의견을 볼 수 있다는 점도 매력적입니다. 다음과 같이 제시한 수업 사례 외에도 장점, 단점, 대안을 생각해 볼 수 있는, 주제에 구애되지 않고 어떤 주제든 다양하게 활용할 수 있는 프로그램입니다.

두 번째로 주장과 근거, 반박이 이어지는 토론을 할 수 있습니다. 일반적으로 교실에서 토론 수업을 하게 되면, 말을 잘하는 일부 학생들이 토론을 주도하는 경우가 많습니다. 그러나 태블릿으로 토론을 하게 되면 앞서 언급했던 PMI 토의의 장점처럼 소외되는 학생 없이 모두가 주장과 의견을 발표하고, 반박하며, 학생 모두의 의견을 들어 볼 수 있습니다. 또한 친구의 논리적인 근거를 보며 자연스레 성장할 수 있게 되고, 배경 색 기능으로 구별해 단계를 시각적으로 구분해 볼 수 있습니다. 특히 토론의 경우 근거 자료 제시가 중요하나, 실제 교실에서 근거 자료까지 준비하며 토론을 하게 되면 상당한 시간이 소요됩니다. 그러나 태블릿을 활용한 토론 수업은 이미지를 검색해 바로 첨부하거나 관련 자료의 링크를 즉각적으로 달 수 있기 때문에, 근거 자료 제시가 매우 쉽다는 점도 매력적입니다.

먼저, PMI 토의에 대해 알아보도록 하겠습니다. PMI 토의는 떵커벨 보드 그룹형을 이용해 세 개의 그룹을 만들어서 활용할 수 있습니다.

PMI 토의를 하기 위해서는 각각 장점, 단점, 대안이나 흥미로운 점을 작성할 수 있는 세 영역이 필요합니다. 그러므로 우리는 [그림 3-2-14]와 같이 그룹형을 선택합니다.

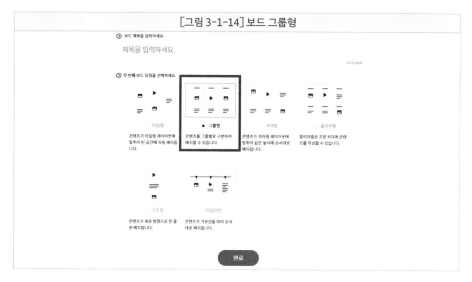
[그림 3-1-14] 보드 그룹형

그림 보드 화면이 만들어지며 좌측 상단에 [그림 3-1-15]와 같이 그룹 만들기 창이 함께 뜹니다. 이어서 복수 그룹 3개를 만듭니다. 그러면 자동으로 세 그룹으로 나눠지며 머리말이 생성됩니다. 그룹을 만들면 그룹 이름이 자동으로 생성되는데, [그림 3-1-16]의 2번 점 세 개 버튼을 클릭하면 그룹명을 바꿀 수 있습니다. 각각 P(장점), M(단점), I(흥미로운 점/대안) 등으로 변경하면 되겠죠.

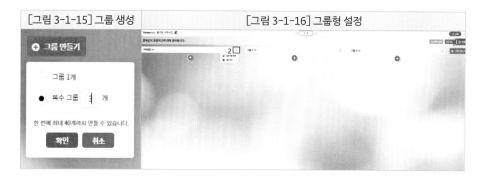
[그림 3-1-15] 그룹 생성   [그림 3-1-16] 그룹형 설정

•수업 사례 ①

관련 단원

초등 5학년 2학기 사회 1. 옛날 사람들의 삶과 문화

관련 성취 기준

- [6사 03-03] 고려를 세우고 외침을 막는 데 힘쓴 인물(왕건, 서희, 강감찬 등)의
  업적을 통하여 고려의 개창과 외침 극복 과정을 탐색한다.

1~2차시 수업 흐름

수업 단계	수업 내용 및 활동	시간
도입	- 지난 차시 내용 정리	5'
전개	- 몽골의 고려 침입과 삼별초의 항쟁 알아보기	10'
	- 몽골이 침입했을 때 나라면 어떻게 했을지 생각해 보기	10'
	- 몽골 침입의 결과 알아보기	10'
정리	- 몽골이 침입했을 때 고려의 대응 정리	5'

수업 소개

이 수업은 몽골의 고려 침입 상황에 대해 학습한 뒤 나라면 어떻게 하면 했을지 '항복한다/끝까지 맞서 싸운다/다른 대안'과 같이 세 그룹으로 나누어, PMI 토의를 변형한 형태로 의견을 나눠 보도록 했습니다. 이 과정에서 학생들은 본인이라면 어떻게 판단할지 진지하게 생각하며 본인이 생각하기에 합리적인 판단은 어떤 것일지 고민해 봅니다. 이 과정에서 고려인들의 마음을 공감할 수 있고, 역사적 상상력을 키울 수 있습니다.

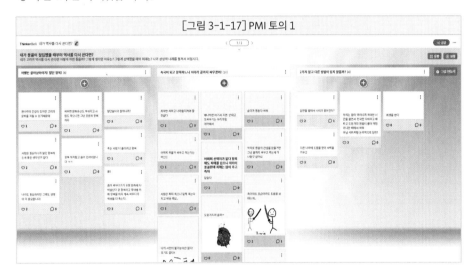

[그림 3-1-17] PMI 토의 1

수업 사례 ②

관련 단원

초등 5학년 2학기 도덕 4. 밝고 건전한 사이버 생활

관련 성취 기준

• [6도 02-01] 사이버 공간에서 발생하는 여러 문제에 대한 도덕적 민감성을 기르며, 사이버 공간에서 지켜야 할 예절과 법을 알고 습관화한다.

수업 흐름

수업 단계	수업 내용 및 활동	시간
도입	– SNS와 관련된 경험 떠올리기	5'
전개	– SNS 공간의 특징 알아보기	10'
	– SNS 공간의 장단점과 SNS 공간에 대한 나의 생각 정리하기	15'
정리	– 건전한 사이버 생활을 위한 계획 세우기	10'

수업소개

이 수업은 SNS 공간의 특징과 건전한 사이버 생활을 배우는 차시입니다. SNS 사용 경험에 대해 이야기하고, 공간의 특징에 대해 학습한 뒤 [그림 3-1-18]과 같이 'SNS의 장점', 'SNS의 단점', 'SNS에 대한 나의 생각' 세 그룹으로 나누어 PMI 토의 형태로 의견을 공유했습니다. 늘 사용하던 SNS의 장단점과 관련된 생각들을 정리하면서 SNS의 올바른 사용에 대해 재고하게 되며, 다른 학생들의 의견을 참고하여 건전한 사이버 생활이란 무엇인지 고민합니다. 즉, 학생 개개인이 나름대로의 이유를 생각하며 글을 쓰고 다른 친구들의 의견과 이유도 쉽게 살펴보며 생각의 폭이 넓어질 수 있습니다.

[그림 3-1-18] PMI 토의 2

앞서 언급한 사례는 토의의 사례였습니다. 이 외에도 두 번째로는 소통형 도구로 토론을 할 수 있습니다. 토론에는 절차가 있습니다. 교과서에서는 주장 펼치기, 반론하기, 주장 다지기로 안내하고 있습니다. 의견을 내고 반박하고 이를 정리하는 이 과정, 그리고 각 의견에 대한 적절한 근거를 제시하는 것이 이 토론의 핵심이라고 볼 수 있습니다. 이 과정을 태블릿을 통해 구현할 수 있습니다. 실질적으로 토론을 위한 구체적인 근거 자료를 미리 준비하려고 하면 이를 어려워하는 학생들이 많습니다. 태블릿으로 진행하면 토론 상황에 맞는 근거를 신속하게 찾아 제시하는 데 유용합니다. 또한, 태블릿으로 동시에 글을 쓸 수 있기 때문에 발언권을 얻고 발표하는 것보다 더 활발한 의견 개진이 가능하다는 장점이 있습니다.

관련 단원

초등 5학년 2학기 국어 6. 타당성을 생각하며 토론해요

관련 성취 기준

• [6국 01-03] 절차와 규칙을 지키고 근거를 제시하며 토론한다.

1~2차시 수업 흐름

수업 단계	수업 내용 및 활동	시간
도입	– 토론에 적합한 주제 판단하는 방법 생각해 보기	10'
전개	– 토론 주제 정하기	10'
	– 토론 규칙과 절차를 지키며 토론하기	55'
정리	– 느낀점 공유하기	5'

수업 소개

그룹형을 활용해 찬성 반대 두 그룹으로 영역을 나눈 후, 우측 상단 설정을 눌러 배경화면을 ○×로 설정한 뒤 토론을 진행합니다.

태블릿 토론의 핵심은 같은 단계에서는 콘텐츠 배경 색을 동일하게 한다는 것입니다. 그러면 각 단계가 색깔로 자연스럽게 구분되어 각 내용을 한눈에 파악할 수 있습니다.

첫 번째 단계, 주장 펼치기입니다. 주장을 펼칠 때는 적절한 근거를 제시하도록 합니다. 주장 펼치기를 할 때는 모두 빨간색 배경으로 설정하여 글을 씁니다. 그러면 따로 표시하지 않아도 주장 펼치기는 모두 빨간색으로 자연스럽게 구분됩니다. 주장 펼치기 단계에서는 중복된 주장이 많이 나옵니다. 중복된 주장들 중, 교사가 주요 주장들을 공지글로 설정하면 주요 주장을 한눈에 볼 수 있고 다음 단계 진행이 용이합니다. 공지글로 설정하기 위해서는 각 글의 우측 상단 [점 세 개 모양]을 클릭한 뒤 [공지 지정]을 클릭합니다.

[그림 3-1-21] 다양하게 나온 주장 의견

다음 단계는 반론하기입니다. 반론할 때는 상대편의 주장에 대한 근거와 자료가 타당한지를 봐야 합니다. 이때, 반론을 할 경우에는 파란색 배경으로 설정하거나 빨간색 배경에 댓글로 달 수 있습니다. 파란색 배경으로 글을 적을 거면 [그림 3-1-22]처럼 어떤 사람의 주장에 대한 반론인지 앞에 이름을 적어 주면 알아보기 편합니다. 일반적인 토론에서는 자료를 제시하기에 상당한 시간이 소요되지만, 태블릿이 있으면 구체적인 링크를 복사하여 자료를 첨부하거나 이미지를 쉽게 업로드할 수 있어 시간도 절약되고 토론의 퀄리티도 올라갑니다. 여기까지 진행되면 빨간색인 주장 펼치기와 파란색인 반론하기 내용들이 한눈에 보이게 됩니다.

마지막 단계 주장 다지기입니다. 주장 다지기에는 자기편의 주장을 요약하고, 상대의 주장이 타당하지 않다는 것을 지적하며, 자기편 주장의 장점을 정리해 강조합니다. 이 단계는 주장 다지기 글을 모두 초록색 배경으로 설정하거나 반론하기 단계인 파란색 배경 글에 댓글로 할 수도 있습니다. 앞서 나온 주장 펼치기, 반론하기 단계가 모두 남아 있기 때문에 토론 내용을 따로 기록할 필요 없이 앞의 내용들을 다시 한 번 살펴보고 이를 정리하기 유용합니다. 이렇게 하여 마지막 주장 다지기까지 진행할 수 있습니다. 소통형 도구를 활용한 토론은 단계별로 색깔을 구분함으로써 토론 절차를 한눈에 학습할 수 있고, 여러 사람들의 다양한 의견을 한번에 확인할 수 있으며, 소외되는 학생 없이 모두가 참여할 수 있어서 근거 자료 제시가 간편합니다.

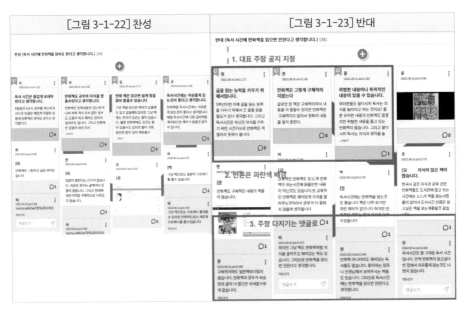

[그림 3-1-22] 찬성 · [그림 3-1-23] 반대

✓Check 띵커벨 보드 사용 시, 중간에 학생들 글이 안 보인다면 다음과 같은 절차로 [새로 고침] 합니다.

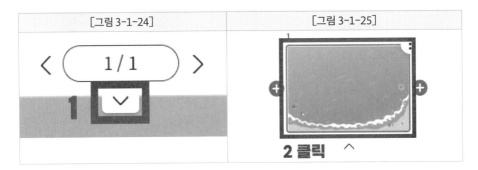

[그림 3-1-24] · [그림 3-1-25]

✓Check 포털 사이트에 '토론 주제 모음'이라고 검색하면 실생활 토론 주제가 많이 나오며, 초등의 경우 천재학습백과 초등 토론 배틀(https://han.gl/OztExY)의 다양한 토론 주제를 참고할 수 있습니다.

빠르게 착착!
문제지 나눠 주고 채점하기
& 도형 전개도 접고 이동시키기
: 미래엔 AI CLASS & 비상교육 도형 길잡이

교실에서 수학 학습지나 수학 익힘책을 누가 채점하게 하시나요? 수학 익힘책을 빨리 푸는 학생에게 채점을 하게 하는 경우도 있고, 학생 스스로 채점하게 하는 경우도 많으실 겁니다. 혹은 선생님께서 꼼꼼히 검사하실 수도 있습니다. 세 가지 경우 모두 좋은 방법이지만 학생에게 맡기면 학생들의 성취도를 100% 파악하기 어렵고, 선생님께서 직접 채점하시면 성취도 파악은 확실하지만 시간이 너무 오래 걸립니다. 태블릿을 사용하면 이러한 단점을 완벽하게 보완할 수 있습니다. 학생들이 기초 학습지를 풀면 자동 채점이 되고, 학습 결과에 따라 심화 학습지 혹은 보충 학습지를 제공할 수 있습니다. 모든 학습지들은 만들어져 있기 때문에 버튼만 누르면 되고, 채점 결과가 즉각적으로 나와 누적됩니다. 반 전체 및 학생 개개인의 학업 성취도를 한눈에 파악할 수 있어 진정한 의미의 형성 평가가 가능합니다. 채점 결과를 바탕으로 반 전체가 개념 학습이 추가로 필요하다 판단되면 재교육을 할 수도 있고, 개별 학생들만 부족한 경우 따로 과제를 제공할 수도 있습니다. 즉, 학생들의 부족한 부분을 즉각적으로 판단하고 보완할 수도 있습니다.

도형 개념을 학습할 때도 태블릿은 탁월합니다. 중력의 영향을 받지 않고 도형을 공중에 띄워 천천히 살펴볼 수 있으며, 머릿속에서만 펼쳐봤던 전개도를 눈으로 관찰할 수 있습니다. 도형 학습을 위해 도형을 잘못 오려서 실수할 일도 없고 시간 관계상 하나의 케이스만 오려서 실습하는 것이 아니라 여러 케이스를 모두 학습할 수 있습니다. 일반적으로 도형을 배울 때 교과서 뒤에 있는 붙임 딱지 등의 실물 교구를 사용해 개념을 학습하지만 붙임 딱지를 오려 원하는 모형으로 완성하는 데도 시간이 소요되고, 오린 붙임 딱지 부분만 학습할 수 있을 뿐 다양한 케이스를 학습하기는 어렵습니다. 그러나 태블릿을 사용한다면, 예를 들어 전개도의 경우에는 여러 도형의 전개도가 접히고 펼쳐지는 과정을 천천히 살펴볼 수 있으며, 쌓기 나무의 경우 현실에서는 중력 때문에 불가능한 부분까지 돌려보고 관찰할 수 있습니다.

미래엔 AI CLASS

미래엔 AI CLASS는 초등 3~6학년 모든 차시의 수준별 학습지와 자동 채점을 지원하여 채점 노동을 벗어나게 해주는 아주 좋은 도구입니다.

> ✔Check 모든 수학 출판사의 단원 순서가 같으며, 차시 구성도 유사합니다. 미래엔 수학 교과서면 더욱 효과적이지만, 아니어도 미래엔 AI CLASS를 활용할 수 있습니다.

기능 알아보기

AI 학습지 ▶ 주제별 학습 ▶ 학년, 학기, 과목, 단원 선택 ▶ 원하는 차시의 원하는 학습지 선택

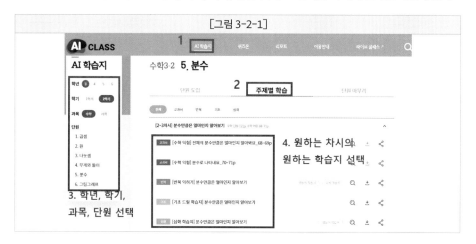

[그림 3-2-1]

미래엔 AI CLASS 홈페이지(https://aiclass.m-teacher.co.kr/)에 로그인합니다. 1AI 학습지를 선택하고, 2 주제별 학습을 선택합니다. 3에서 학년, 학기, 과목, 단원을 선택합니다. 4에서 원하는 차시의 원하는 학습지를 선택하려고 보니 [교과서], [반복], [기초], [심화] 4가지 형태의 학습지가 있습니다. 차시별로 이 4가지 유형이 모두 있는 경우도 있고, 일부만 있는 경우도 있습니다. [기초]는 기본 문제로, 해당 차시의 여러 문제들을 풀 수 있습니다. 학생들에게 가장 많이 공유하는 문제 유형입니다. [반복]은 5문항 내외로 기본적인 개념을 반복 학습할 수 있고, [심화]는 심화 학습지를 3문항 내외로 학습할 수 있습니다. [반복]과 [심화] 오른쪽에는 있는 '쌍둥이 학습지'는 같은 문제를 숫자만 다르게 한 문제입니다. [반복] 오른쪽에 있는 '유사 학습지'는 같은 유형의 다른 문제입니다. [교과서]는 미래엔 검정 교과서의 문제와 같은 내용입니다.

✓Check 2에서 [주제별 학습]으로 선택하지 않고 [단원 도입]이나 [단원 마무리]를 선택하여 단원 시작과 끝에 적합한 학습지를 제공할 수도 있습니다.

✓Check 3에서 [사회]를 선택해 사회 학습지를 자동 채점할 수도 있습니다.

[그림 3-2-2]는 [그림 3-2-1]에서 원하는 차시를 선택한 뒤, [공유]를 클릭했을 때 화면입니다.

1 원하는 제목을 설정합니다. 학생들은 차시의 이름을 잘 모르는 경우가 많습니다. 제목 앞에 날짜를 입력하면 학생들도 보기 편하고, 교사도 추후 리포트에서 관리하기 편하므로 [그림 3-2-2]에 '[10월 2일] 분수만큼은 얼마인지 알아보기'처럼 제목 앞에 날짜 입력을 추천합니다.

2 종료일을 설정합니다. 수업 중 태블릿을 사용하는 경우 시간을 짧게 설정하고, 과제로 제공하는 경우 기간을 넉넉히 주면 됩니다.

3 추가 학습지 앞에 분홍색 체크 박스를 체크하면 점수별 추가 학습지를 제공할 수 있습니다. 점수 구간도 선택할 수 있으며, 점수 구간별 학습지 종류도 선택할 수 있습니다. 주로 71점 이상은 추가 학습지로 심화 학습지를 선택하는 편입니다.

4 마지막으로 [학생 공유]를 누릅니다.

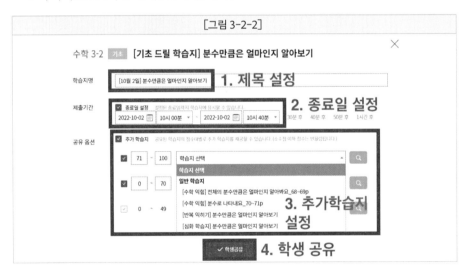

[그림 3-2-2]

✓Check 추가 학습지를 [그림 3-2-2]처럼 온라인으로 제공할 수도 있으나, [그림 3-2-1]에서 기초, 반복, 심화 학습지를 선택해 학습지를 다운로드하여 종이로 출력해 나눠줄 수도 있습니다.

학생들은 링크를 복사하거나 QR 코드를 통해 문제를 푸는 화면에 들어올 수 있습니다.

[그림 3-2-3]

✓ Check 어떠한 학습지를 공유하든 링크 주소는 같습니다. 학생들은 링크를 통해 들어간 메인 페이지에서 교사가 공유한 특정 학습지를 선택하게 되기 때문입니다. 따라서 처음에만 링크를 공유하고 학생들 태블릿에서 해당 링크를 홈 화면에 추가를 하도록 합니다.

[그림 3-2-4]는 학생들이 공유된 링크를 통해 태블릿으로 들어갔을 때의 화면입니다. 번호와 이름을 입력하고 인증 번호까지 입력해야 합니다. 이때 같은 정보로 입장하기 위해서 인증 번호는 잊지 않도록 해야 합니다. 예를 들어 1번, 홍길동, 인증 번호 3434로 입장했다면 추후에도 모두 같은 정보로 입장해야 합니다. 입장 후에 학생은 교사가 공유한 학습지를 풀 수 있습니다.

[그림 3-2-4]

A선생님 라이브 클래스

번호	1
닉네임	홍길동
인증번호	···

입장하기

✓Check 최초 안내 시 인증 번호를 통일하는 것을 추천합니다. 예를 들어 3학년 4반은 3434, 6학년 7반은 6767로 설정하면 학생들도 기억하기 편합니다.

상단 [리포트]메뉴에서 [AI 학습지(학생 리포트)]로 들어가서 [정보 수정] 아이콘을 클릭하면 학생들의 인증 번호와 닉네임을 관리할 수 있습니다. 또한, 단원 평가를 완료하면 [리포트]를 통해 AI가 학생 성취도를 분석해 줍니다.

[그림 3-2-5]

상단 [리포트] 메뉴에서 [AI 학습지(학습지 리포트)]로 들어가면 [그림 3-2-6]처럼 학습지 참여 인원, 반 평균, 공유된 날짜 정보를 볼 수 있습니다. 더 자세한 정보를 위해 원하는 차시의 **3**을 클릭하겠습니다.

[그림 3-2-6]

원하는 차시를 클릭했더니 [그림 3-2-7]처럼 문항별 우리반 전체 정답률과 학생별 정답률을 볼 수 있습니다. 문항별 정답률이 낮은 항목은 반 전체를 대상으로 문제 풀이를 다시 하고, 문항별 개별 정답률이 낮은 학생은 미래엔 AI CLASS로 문제를 푸느라 수학 익힘책을 풀지 않은 상태면 수학 익힘책 숙제를 낼 수도 있습니다. 혹은 [주제별 학습]의 [반복]에서 [쌍둥이 학습지]나 [유사 학습지]를 다운로드받아 출력해서 나누어 주면 부족한 부분을 보충할 수 있어 매우 효과적입니다.

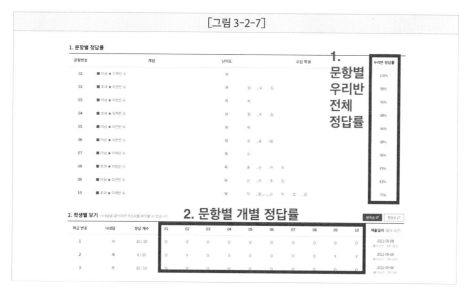

[그림 3-2-7]

[그림 3-2-8]

자동 채점이 된다는 점과 누적된 학습 결과를 볼 수 있는 점도 매력적입니다. 또한 학생 전체 성취도를 한눈에 파악하여 다음 차시 학습에 반영할 수 있고, 성취도가 낮은 학생을 따로 관리할 수도 있습니다. 다음 부분에서는 수업 사례를 통해 저만의 팁을 다루어 보겠습니다.

수업 사례 ①

관련 단원

초등 5학년 1학기 수학 5. 분수의 덧셈과 뺄셈

관련 성취 기준

- [6수01-08] 분모가 다른 분수의 덧셈과 뺄셈의 계산 원리를 이해하고 그 계산을 할 수 있다.

수업 흐름

수업 단계	수업 내용 및 활동	시간
도입	- 교과서 그림 살펴보기	3'
전개	- 분모가 다른 분수의 뺄셈 계산 원리를 이해하고 계산하기 [수학책]	12'
	- 미래엔 AI CLASS 기초 드릴 학습지(혹은 수학 익힘책) 풀기	10'
	- 틀린 문제 중 일부는 배움 공책에 오답 정리	5'
정리	- 수학 익힘책 사고력 문제(주로 마지막 문제) 풀기 및 개념 정리	10'
추수 지도 (과제)	- (성취도가 낮거나 원하는 경우) 반복 학습지 출력해서 나눠 주기	–

수업 소개

수학책으로 개념 학습 후에 미래엔 AI CLASS을 사용하면 자동 채점이 되어 효과적입니다. 자동 채점 후 몇 개 맞고 몇 개 틀렸는지 확인만 하고 넘어가는 것이 아니라, 틀린 문제는 배움 공책에 오답 정리를 하도록 합니다. 또한 정리 단계에서 수학 익힘책 중 사고력 문제를 푸는 이유는, 기초 드릴 학습지가 단순 연산에서 그치는 경우가 많기 때문입니다. 대부분의 출판사 수학 익힘책의 마지막 문제는 개념을 기반으로 한 사고력 문제가 많습니다. 따라서 AI CLASS를 풀고 나서는 수학 익힘책의 사고력 문제를 풀도록 합니다. 개별 성취도가 낮은 학생의 경우 아직 풀지 않은 수학 익힘책 숙제를 내거나, 앞쪽의 [그림 3-2-8]처럼 [반복]에서 쌍둥이 학습지나 유사 학습지를 다운로드받아 출력해서 보충할 수 있습니다. 만약 AI CLASS 자동 채점한 결과, 학생들의 전체 평균이 낮은 경우 다음 차시에서 개념을 다시 설명합니다.

✓Check 자동 채점 결과가 즉각적으로 나오기 때문에, 마치 시험 결과처럼 학생들이 몇 개나 맞았는지 많은 관심을 가집니다. 중요한 것은 부족한 것을 보충해서 다음에 틀리지 않는 것이라고 강조합니다.

✓Check 성취도가 높아 다 풀고 시간이 남는 학생들을 위해, 심화학습지를 추가 공유하거나 출력하여 나눠줄 수 있습니다.

✓Check 태블릿을 쉬는 시간에 나눠 주고, 미리 켠 채 서랍에 넣어 두도록 하면 수업 시간을 많이 절약할 수 있습니다.

if ▷ **만약 문제 풀이 시간이 충분하다면**

수학책 개념 학습
↓
미래엔 AI CLASS 기초 드릴 학습지
(문제 제공할 때 추가 학습지 설정)
↓
틀린 문제 오답 정리
↙ ↘

미래엔 AI CLASS 평균이 높은 학생들	미래엔 AI CLASS 평균이 낮은 학생들
↓	↓
미래엔 AI CLASS 심화학습지 풀기	수학책에서 개념 다시 살펴보기
↓	↓
오답률이 높거나 개념의 핵심을 이해할 수 있는 문제 함께 풀이	[반복]에서 쌍둥이 학습지나 유사 학습지 출력해 추가 제공(과제)
↓	↓
수학 익힘책 사고력 문제 풀이	수학 익힘책 사고력 문제 풀이

문제 풀이 시간이 충분하다면 앞의 [그림 3-2-2]처럼 점수에 따라 추가 학습지 (심화 혹은 반복 학습지)를 제공할 수 있습니다. 문제를 다 푼 뒤에는 심화 문제의 경우 난이도가 높은 경우가 많아 모든 문제를 풀이할 시간이 부족하므로, 오답률이 높거나 개념의 핵심을 이해할 수 있는 문제 풀이를 합니다.

✓Check 수학 익힘책 숙제를 내주듯, 미래엔 AI CLASS를 숙제로 내줄 수도 있습니다.

수업 사례 ②

관련 단원

초등 4학년 1학기 수학 5. 막대 그래프

관련 성취 기준

• [4수05-01] 실생활 자료를 수집하여 간단한 그림그래프나 막대그래프로 나타낼 수 있다.

수업 흐름

수업 단계	수업 내용 및 활동	시간
도입	- 학습 개념 정리	5'
전개	- 단원 마무리 문제 풀이	20'
	- 오답률 높은 문제 풀이	10'
정리	- 학습 정리	5'

수행 평가 전에 성취도를 확인하려면 AI CLASS의 단원 평가를 활용하면 효과적입니다. [그림 3-2-9]처럼 [단원 마무리]탭에 들어가 단원 평가 자료를 공유할 수 있습니다. 단원 평가의 경우 1단계, 2단계, 3단계로 구성되어있으며 단계가 올라갈수록 문제의 난이도가 높아집니다. 3단계까지 다 풀어도 되고, 문제가 너무 어렵다고 판단되는 경우 1단계만 풀고 끝내라고 해도, 학생들의 수준을 파악하기에 충분합니다. 만약 3단계까지 다 푼다면, 상단 [리포트]탭에서 [학생 리포트]로 들어가면 학생별 상세 리포트를 파악할 수 있습니다.

[그림 3-2-9]

수학4-1 **5. 막대그래프**

단원 도입   주제별 학습   **1** 단원 마무리

2
단원평가 [단원평가 (1회)] 5. 막대그래프   🔍 ⬇ ⤳

단원평가 [단원평가 (2회)] 5. 막대그래프   🔍 ⬇ ⤳

방탈출 [방탈출] 산해진미! 진수성찬! 장금이의 수라상 차리기 (w. 참쌤스쿨)   🔍 ▷ ⤳

[그림 3-2-10]	[그림 3-2-11]
비상교육 도형 길잡이 VISANG Education, Inc. 광고 포함	비상교육초등수학디지털교구 VISANG Education, Inc.

미래엔 비상교육에서 만든 '비상교육 도형 길잡이'와 '비상교육 초등 수학 디지털 교구' 앱을 활용하면 태블릿을 사용한 도형 학습을 할 수 있습니다. 도형 학습의 경우 교과서 뒤의 붙임 딱지도 유용하지만, 케이스가 다양하지 않고 물리적 한계가 있는 경우가 많습니다.

태블릿으로 도형 앱을 사용하여 도형 학습을 한다면 클릭하는 것에 따라 즉각적으로 도형이 변형(전개도 펼치기, 도형 이동하기 등)되기 때문에 학생들이 학습에 몰입할 수 있습니다. 또한, 다양한 케이스를 시뮬레이션할 수 있다는 점도 매력적입니다. 예를 들어 사각뿔의 전개도 1개 케이스만 학습하는 것이 아닌 여러 케이스를 학습할 수 있고, 전개도를 펼치고 접는 과정도 슬로 모션으로 천천히 볼 수 있습니다. 중력의 제한도 받지 않기 때문에 쌓기나무 학습을 할 때는 어떠한 각도에서도 쌓기나무를 볼 수 있습니다. 즉, 도형 앱은 시뮬레이션의 장점을 갖고 있어 학생이 몰입하고, 붙임딱지보다 다양한 케이스를 학습할 수 있다는 것이 장점입니다.

비상교육 도형 길잡이 기능 알아보기

비상교육 도형 길잡이 앱에 들어가면 [그림 3-2-12]와 같은 화면이 나옵니다. 원하는 차시를 선택합니다. 그러면 [그림 3-2-13]처럼 튜토리얼이 나와, 해당 챕터를 학습하는 방법을 알 수 있습니다.

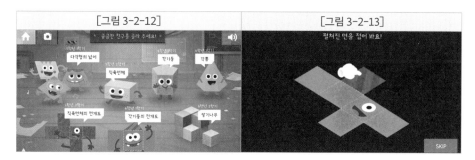

비상교육 초등 수학 디지털 교구 기능 알아보기

초등 수학 디지털 교구는 [그림 3-2-14]처럼 원하는 학년군을 선택하면 [그림 3-2-15]처럼 학습할 영역을 선택할 수 있습니다.

원하는 학습 영역을 선택하면 [그림 3-2-16]처럼 튜토리얼이 나와, 해당 챕터를 학습하는 방법을 알 수 있습니다. [그림 3-2-17]은 '1학년 모양 만들기', '6학년 전개도 알아보기', '6학년 입체도형 알아보기'가 한 프로그램에 내장된 경우로, [그림 3-2-17]처럼 한 프로그램에 여러 프로그램이 내장된 경우가 있습니다. 그러한 경우 상단 메뉴바에서 다른 학년이나 영역으로 이동할 수 있습니다.

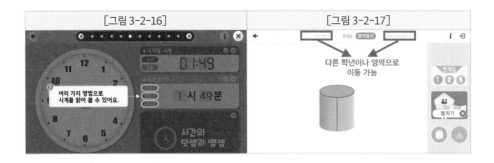

[그림 3-2-16]

여러 가지 방법으로
시계를 읽어 볼 수 있어요.

[그림 3-2-17]

다른 학년이나 영역으로
이동 가능

비상교육 도형 앱 프로그램 정리

다음 표는 비상교육 도형 길잡이 앱에서 지원하는 학습 목록입니다.

학년	영역
5	다각형의 넓이
5	직육면체
5	직육면체의 전개도
6	각기둥
6	각기둥의 전개도
6	각뿔
6	쌓기나무

다음 표는 비상교육 초등 수학 디지털 교구 앱에서 지원하는 학습 목록입니다.

학년	영역	앱 내 학년군
1, 2	수 알기와 자릿값	
2	표와 그래프	
1, 2	모양조각	1, 2학년
1, 6	1학년 모양 만들기 6학년 전개도, 입체도형	
2	자연수의 덧셈과 뺄셈	
3	자연수의 덧셈과 뺄셈	
3	시계	
4	평면 도형의 이동	3, 4학년
3, 4	여러 가지 그래프	
3	원과 원의 넓이	
4	분수의 덧셈과 뺄셈	

5	분수의 덧셈과 뺄셈	
5	합동	
5	선대칭도형	
5	점대칭도형	
6	직육면체의 겉넓이	5, 6학년
6	직육면체의 부피	
6	원과 원의 넓이	
6	원기둥, 원뿔, 구	
6	여러 가지 그래프	

두 앱에서 지원하는 도형 차시가 매우 많기 때문에, 디지털의 장점을 이용한 도형 학습을 하고 싶다면 비상교육 앱을 추천합니다.

수업 사례 ①

관련 단원

초등 5학년 1학기 수학 2. 각기둥과 각뿔

관련 성취 기준

- [6수02-06] 각기둥과 각뿔을 알고, 구성 요소와 성질을 이해한다.
- [6수02-07] 각기둥의 전개도를 그릴 수 있다.

수업 흐름

수업 단계	수업 내용 및 활동	시간
도입	- 지난 시간 복습	2'
전개	- 비상교육 도형 길잡이로 각기둥 전개도 접고 펼쳐 보기	15'
	- 수학책으로 전개도 개념 정리	10'
	- 미래엔 AI CLASS 기초 드릴 학습지	10'
정리	- 학습 정리	3'

비상교육 도형 길잡이 앱과 앞서 배운 미래엔 AI CLASS를 활용한 수업 흐름입니다. 비상교육 도형 길잡이 앱을 활용하면 여러 케이스의 삼각기둥 전개도를 체험할 수 있습니다. [그림 3-2-18]에서는 우측 하단의 여러 종류의 전개도를 클릭할 수 있습니다. 또한 전개도가 접히고 펴지는 과정을 슬로우 모션으로 볼 수 있으며, 원하는 대로 돌려볼 수도 있습니다. 수학책으로 각기둥 전개도의 개념을 정리한 다음에는 미래엔 AI CLASS로 문제를 풀어 부족한 부분을 체크하면 더욱 효과적입니다.

[그림 3-2-18]

삼각기둥의 전개도

접히는 과정 보기 ▶

펼쳐지는 과정 보기 ▶

✓Check 태블릿을 쉬는 시간에 나눠 주고, 미리 켜서 서랍에 넣어 두도록 하면 수업 시간을 많이 절약할 수 있습니다.

●수업 사례 ②

관련 단원

초등 4학년 1학기 수학 4. 평면 도형의 이동(천재 박만구 기준)

관련 성취 기준

• [4수02-04] 구체물이나 평면 도형의 밀기, 뒤집기, 돌리기 활동을 통하여 그 변화를 이해한다.

수업 흐름

수업 단계	수업 내용 및 활동	시간
도입	– 지난 시간 복습(비상교육 초등 수학 디지털 교구 앱 활용)	5'
전개	– 평면 도형을 돌려 볼까요	15'
	– 수학책으로 복습	7'
	– 미래엔 AI CLASS 기초 드릴 학습지	10'
정리	– 학습 정리	3'

다음은 비상교육 초등 수학 디지털 교구를 사용한 수업 사례입니다. 평면 도형을 돌리는 과정을 학생이 클릭하면 반복적으로 볼 수 있으며, 여러 도형의 케이스를 단시간에 학습할 수 있는 점도 앱 활용 수업의 장점입니다. 앱을 활용해 평면 도형을 돌려보며 움직인 모습을 예상하고, 확인한 뒤에 수학책으로 주요 개념을 복습하고 정리하도록 합니다. 그리고 앞서 배운 미래엔 AI CLASS를 활용해 문제를 풀어 부족한 부분은 보충할 수 있습니다.

[그림 3-2-19]

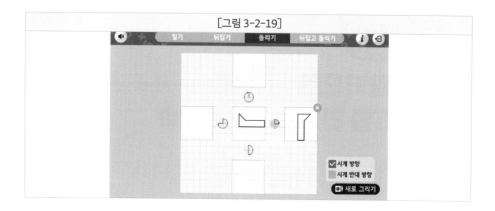

3 영어

한 번의 입력으로 여러 퀴즈를 만드는 Wordwall

영어 교과는 그 어떤 과목보다 학습자의 흥미와 관심이 동기 유발이 중요한 과목입니다. 우리나라는 일상에서 영어를 (자유롭게) 사용하지 않기 때문에 학습자 스스로 영어에 대한 흥미와 관심을 갖고 지속적으로 학습할 수 있도록 유도해야 하기 때문입니다. 따라서 영어 교과는 어느 교과보다 다양한 멀티미디어 자료가 발달한 과목이기도 합니다. 지금까지는 교사가 주도하여 다수에게 강의를 할 때 활용할 수 있었던 멀티미디어 자료가 많이 발달되었습니다. 이번에 소개할 프로그램은 태블릿을 사용했을 때 학습자가 이러한 멀티미디어 자료를 가지고 주도적으로 활용하며 학습할 수 있습니다. 게다가 학생들의 학습 결과가 기록되어 학생들의 성취 수준을 바탕으로 다음 차시 수업을 할 때 참고할 수 있습니다.

Wordwall

반복 학습이 중요한 영어 교과에서 단어 공부는 많은 학생들이 지겨워하는 부분입니다. 하지만 학생도 지겹지 않고, 교사도 크게 힘들이지 않고 한 번의 입력으로 다양한 퀴즈를 생성할 수 있는 프로그램인 Wordwall을 소개하고자 합니다.

Wordwall은 학습하고자 하는 영단어와 뜻을 입력하면 애너그램, 문장 배열하기 등의 다양한 퀴즈를 자동으로 생성해 재미있게 단어 공부를 할 수 있는 프로그램입니다. 교사 계정으로는 학생들의 퀴즈 결과를 한 번에 확인할 수 있으므로 기본적인 평가 및 피드백도 가능합니다.

Wordwall에는 다음 그림과 같은 퀴즈 템플릿들이 있습니다. 다음 [그림 3-3-1]의 템플릿은 모두 무료 제공되는 템플릿입니다. 학습하고자 하는 단어나 문장을 입력하면 원하는 템플릿으로 퀴즈를 만들 수 있고, 그 이후에는 단어나 문장을 따로 입력하지 않아도 원하는 템플릿을 클릭만 하면 자동으로 해당 템플릿의 퀴즈가 생성됩니다. 즉, 영단어와 뜻을 한 번만 입력하면, 그림상의 다양한 템플릿 퀴즈가 모두 자동 생성됩니다. 이 퀴즈를 자신의 태블릿에서 실행할 수 있습니다. 단어나 문장을 반복적으로 학습하되, 퀴즈 유형이 다양하게 제시되므로 질리지 않고 학습할 수 있습니다.

[그림 3-3-1]

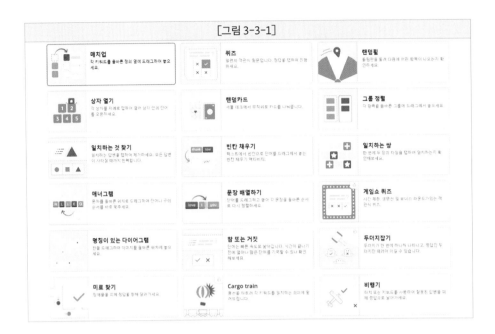

기능 알아보기

Wordwall 퀴즈를 만드는 방법입니다. Wordwall(https://Wordwall.net/)에 접속합니다. 포털 사이트에 Wordwall을 검색해도 찾을 수 있습니다.

[그림 3-3-2]

[그림 3-3-3]과 같이 첫 화면이 뜹니다. 언어가 영어로 설정되어 나옵니다. 영어도 이해하실 수 있겠지만, 우리에게 좀 더 익숙한 한국어로 설정을 바꾸겠습니다. 오른쪽 상단의 English를 클릭해 한국어로 변경합니다. 그 후 [그림 3-3-4]와 같이 가입할 수 있는 버튼을 클릭합니다.

[그림 3-3-3]	[그림 3-3-4]

기존의 구글 아이디로 가입 가능하며, 새로 회원가입을 해도 됩니다. 가입을 하면 퀴즈를 만들 수 있습니다.

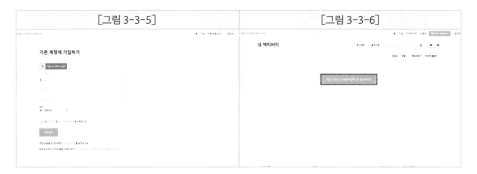

[그림 3-3-5]	[그림 3-3-6]

[그림 3-3-7]과 같이 다양한 템플릿이 제시됩니다. 템플릿을 하나 선택합니다. 단어나 문장, 뜻을 입력하면 템플릿은 추후 다른 것으로 자유롭게 바꿀 수 있으므로 일단 아무 템플릿을 선택해도 무방합니다. 책에서는 가장 위에 있는 매치업 템플릿을 클릭해보겠습니다. [그림 3-3-8]과 같이 단어와 뜻을 입력할 수 있습니다. 또한, 네모 상자 안의 버튼을 클릭하면 단어나 뜻과 함께 제시되는 어울리는 사진도 쉽게 첨부할 수 있습니다.

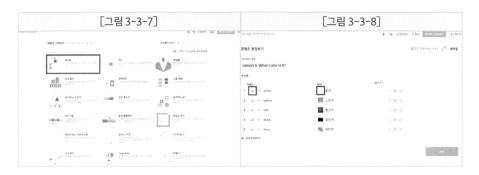

[그림 3-3-7]	[그림 3-3-8]

상자 안의 버튼을 클릭하면 [그림 3-3-9]와 같이 자동으로 검색이 되어 해당 단어에 어울리는 사진이 뜹니다. 이 중 원하는 사진을 선택합니다. 원하는 사진이 없다면 비슷한 다른 단어로 검색해 사진을 넣을 수도 있습니다. 책에서는 단어에 사진을 넣으면 힌트가 되니, 뜻에만 사진을 넣었습니다. 그러나 이 과정이 번거롭다면 사진을 첨부하지 않아도 문제는 전혀 없습니다.

[그림 3-3-9]

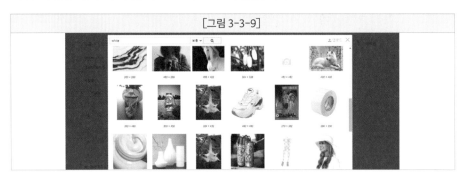

입력을 완료하면 [그림 3-3-10]과 같이 퀴즈가 완성됩니다. 처음에 [매치업]으로 템플릿을 선택했어도 여기서 다른 템플릿으로 쉽게 바꿀 수도 있습니다. 입력한 퀴즈를 바탕으로 다양한 유형의 퀴즈를 생성할 수 있습니다. 템플릿 선택 후에는 퀴즈 테마(배경)를 원하는 것으로 바꿉니다.

[그림 3-3-10]

스크롤을 아래로 내리면 [그림 3-3-11]과 같이 시간 설정이나 순위표 사용 여부 등 해당 퀴즈에 대한 설정을 변경할 수 있습니다. 변경 후에는 시작을 눌러 만든 퀴즈를 진행합니다.

[그림 3-3-11]

화면에서 플레이 버튼을 누르면 입력해 둔 단어와 뜻으로 게임이 진행됩니다. 매치업 템플릿을 선택했으므로 해당 뜻에 맞는 단어를 드래그해서 매칭합니다. 애니메이션과 배경 음악이 적당히 들어가 있어 학생들의 흥미를 자극합니다.

| [그림 3-3-12] | [그림 3-3-13] |

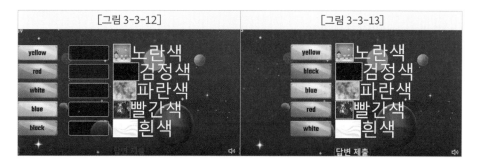

답변 제출을 클릭하면 채점하게 됩니다. 이후 순위표와 정답을 확인할 수도 있습니다.

| [그림 3-3-14] | [그림 3-3-15] |

순위표를 클릭하여 학생들이 자신의 이름을 넣으면 순위표에 나타납니다. 정답 개수 뿐 아니라 시간까지 고려하여 순위가 결정됩니다. 순위표를 공개하고 싶지 않은 경우, [그림 3-3-11]에서 순위표 설정을 해제하면 됩니다.

| [그림 3-3-16] | [그림 3-3-17] |

답변 표시를 클릭하여 나의 답변과 정답을 비교할 수 있습니다. 퀴즈를 확인하고 바꾸고 싶은 부분이 있으면 [그림 3-3-19] 1번 네모를 클릭해 변경합니다. 잘 만들어졌다면 2번 네모 과제 설정을 클릭해 학생들에게 공유할 수 있습니다. 3번 공유 버튼은 해당 문제를 다른 교사들에게 공유하는 버튼입니다. 2번 과제 설정을 클릭해 보겠습니다.

| [그림 3-3-18] | [그림 3-3-19] |

과제 설정에서 학생들이 퀴즈 시작 시 이름을 입력할지 여부를 설정할 수 있습니다. 이름을 입력하게 두면 교사가 개별 학생의 결과를 한 번에 확인할 수 있습니다. 그 후 시작을 클릭하면 학생들에게 공유되는 링크가 생성됩니다. 혹은 버튼을 클릭하여 링크를 QR 코드로 볼 수도 있습니다.

교실에서 태블릿으로 수업할 경우 QR 코드를 TV에 띄워 두면 학생들은 태블릿으로 QR 코드를 촬영하여 퀴즈에 빠르게 접속할 수 있습니다.

이제 앞서 입력해 둔 단어와 뜻을 다른 템플릿으로 바꿔보겠습니다. [그림 3-3-23]의 우측에 템플릿 전환하기가 있습니다. 모두 보기를 클릭하면 바꿀 수 있는 템플릿이 뜹니다. 이렇게 템플릿을 바꿔서 학생들이 학습해야 할 목표 어휘를 쉽게 다른 유형의 퀴즈로 만들 수 있습니다.

[그림 3-3-23]   [그림 3-3-24]

    책에서는 미로 찾기와 애너그램으로 바꾸어 보았습니다. 이 외에도 원하는 템플릿으로 변경이 가능합니다. 변경한 후 과제 설정을 클릭해 같은 방법으로 학생들에게 공유할 수 있습니다.

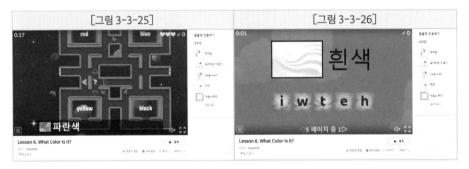

[그림 3-3-25]   [그림 3-3-26]

    학생에게 공유한 후에는 학생들의 결과를 상단의 [내 결과]를 클릭하여 확인할 수 있습니다. 각 퀴즈 결과를 클릭하면 질문별 정답률이나 학생들의 결과, 학생별 정·오답 결과를 자세히 확인할 수 있습니다.

[그림 3-3-27]

수업 사례 ①

관련 단원

초등 3학년 2학기 영어 7. I Like Chicken(천재교육(함순애) 기준)

관련 성취 기준

- [4영03-04] 쉽고 간단한 낱말이나 어구를 읽고 의미를 이해할 수 있다.

수업 흐름

수업 단계	수업 내용 및 활동	시간
도입	- 좋아하는 음식, 싫어하는 음식을 간단히 그린 후 짝과 대화하기	5'
전개	- 알파벳 소리 알아보기	5'
	- 낱말 읽고 대화하기	8'
	- 각 음식에 알맞은 낱말을 찾아보고 쓰기	7'
	- 음식 이름 낱말 퀴즈하기	10'
정리	- 교사가 말하는 음식이 낱말 카드와 일치하는지 확인하며 복습하기	5'

수업소개

이 수업은 음식 이름을 영어로 학습하는 차시입니다. 전개 2, 3을 통해 간단한 단어를 보고 따라 읽고 써본 후 게임을 통해 뜻을 보고 알맞은 단어를 찾을 수 있습니다. 물론, 영어 단어를 보고 알맞은 뜻을 찾도록 구성할 수도 있습니다. 하단에 학생들에게 공유할 수 있는 과제 설정 버튼이 있습니다. 우측에는 따로 문제를 다시 입력하지 않고 이미 입력해 둔 자료들로 변경할 수 있는 템플릿들이 제시됩니다. [그림 3-3-28]의 문제를 [그림 3-3-29]로 클릭 한 번에 '비행기' 유형에서 '풍선 터트리기' 유형으로 템플릿을 바꿔 퀴즈 유형을 변경할 수 있습니다.

| [그림 3-3-28] | [그림 3-3-29] |

수업 사례 ②

관련 단원

초등 6학년 1학기 영어 6. He Has Short Curly Hair(천재교육(함순애) 기준)

관련 성취 기준

- [6영02-03] 주변 사람과 사물에 관해 쉽고 간단한 문장으로 묘사할 수 있다.
- [6영03-01] 쉽고 간단한 문장을 강세, 리듬, 억양에 맞게 소리 내어 읽을 수 있다.

수업 흐름

수업 단계	수업 내용 및 활동	시간
도입	- 사진을 보고 옷차림 묘사하는 말하기	5'
전개	- 그림을 보고 말하고 문장 읽기	10'
	- 그림 보며 문장 읽고 쓰기	10'
	- 문장 완성 퀴즈하기	10'
정리	- 옷차림 묘사하는 문장 복습하기	5'

수업 소개

사람의 옷차림이나 외모에 대해 묘사하는 차시입니다. 고학년답게 문장으로 퀴즈를 만들 수 있습니다. [그림 3-3-30]은 문장의 단어가 무작위로 배치되어 있고, 단어를 드래그하여 문장을 올바른 순서로 다시 정렬하는 '문장 배열하기' 템플릿입니다. 이 또한 우측에서 다른 템플릿을 클릭하여 퀴즈 유형을 바꿀 수 있습니다. [그림 3-3-31]은 문자를 올바른 위치로 드래그하여 단어나 구의 순서를 바로 맞추는 '애너그램'으로 변경한 것입니다.

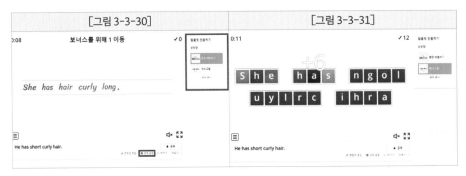

| [그림 3-3-30] | [그림 3-3-31] |

✔Check 무료 계정으로는 콘텐츠를 최대 5개까지 만들 수 있습니다. 한 콘텐츠로 다른 템플릿을 변경하는 것은 자유입니다. 5개 제한을 다 채운 이후 다른 콘텐츠(다른 단원이나 다른 단어)를 만들고 싶은 경우에는 기존의 콘텐츠에서 단어와 뜻을 변경하여 사용하면 제한 없이 이용 가능합니다.

✔Check 비슷한 프로그램으로는 에듀캔디(https://www.educandy.com/)가 있습니다. 게임 캐릭터나 화면이 워드월에 비해 더 귀엽지만, 학생들의 결과를 교사가 확인할 수 없다는 단점이 있습니다.

4 과학, 사회

학생들이 열광하는 VR/AR 수업
: 실감형 콘텐츠

태블릿만 있으면 교실에서 무료로 VR 기기 없이 학생들이 몰입하는 VR, AR 활용 수업을 쉽게 할 수 있습니다. 한국교육학술정보원KERIS에서 만든 '실감형 콘텐츠' 앱 덕분입니다. 실감형 콘텐츠 앱 내에는 초등 3학년부터 중등 3학년까지 과학, 사회, 안전, 진로 교과의 콘텐츠가 329개나 있으므로, 일회성 체험이 아닌 교과 내용에 맞는 부분을 골라서 사용할 수 있습니다. 예를 들어 VR로 선거 과정을 간접 체험하고, AR로 전지를 사용한 실험을 하는 등 교실 공간과 수업 준비물의 한계를 벗어난 수업이 가능합니다. 19세기 교실이 21세기 교실로 업그레이드되는 실감형 콘텐츠 앱 활용 수업을 지금부터 알아보도록 하겠습니다.

✔Check VRVirtual Reality이란, 가상현실을 말하는 것으로, 모든 것이 가상인 세계입니다. [그림 3-4-1]을 보면 배경도 실제 산이 아니라, 가상 그래픽입니다. ARArgumented Reality이란, 증강현실을 의미하며 현실 기반 그래픽입니다. 즉 현실 세계 + 가상 그래픽입니다.

| [그림 3-4-1] VR | [그림 3-4-2] AR(그림 출처: Monster Park 앱) |

실감형 콘텐츠 앱을 다운로드합니다. 실감형 콘텐츠 앱의 용량이 1GB가 넘도록 크므로, 교실 Wi-Fi에서 한번에 30개의 기기가 다운로드가 어려운 경우가 많습니다. 따라서 한번에 5~10개 기기씩 나누어 다운받도록 합니다. 과정이 번거롭지만, 앱의 콘텐츠가 매우 많고 퀄리티가 높아서 다운로드를 기다릴 만한 가치가 충분히 있습니다.

[그림 3-4-3] 실감형 콘텐츠 앱

실감형 콘텐츠 앱에 들어가면 [그림 3-4-4]와 같은 화면이 나옵니다. 상단에서 교과/비교과, 학년, 학기, 과목, 유형(VR, AR, 360°)을 선택할 수 있습니다. 단원순으로 정렬하면 수업 중 필요한 콘텐츠를 찾기 편리합니다. 마지막으로 사용할 콘텐츠에서 [설치 가능]을 누르면 [그림 3-4-5]의 화면이 나옵니다.

학년/학기/과목 선택 ▶ 단원순으로 정렬 ▶ 설치 가능 클릭

[그림 3-4-4] 실감형 콘텐츠 앱 메인 화면

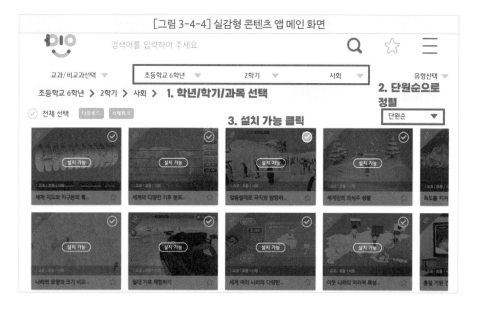

교과/비교과 선택에서 [비교과]를 선택하면 미래 직업 VR 체험, 안전 VR 체험, 국립
공원을 360°로 볼 수 있는 콘텐츠들이 있어, 진로와 안전 시간에 활용할 수 있습니다.

[콘텐츠 설치]를 클릭하면 설치 후 프로그램이 자동 실행됩니다. [활용 가이드]
를 누르면 해당 앱의 가이드가 나옵니다. 가이드는 다음과 같습니다.

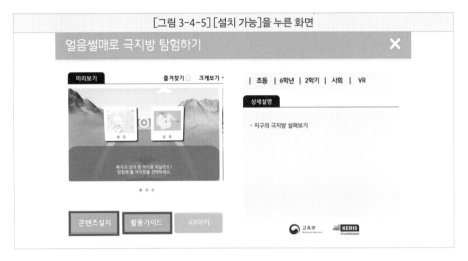

[활용 가이드]에는 [그림 3-4-6]~[그림 3-4-8]과 같이 교과 정보부터 콘텐츠
맵까지 다양한 정보가 나옵니다. [그림 3-4-6]처럼 교과 정보와 콘텐츠 정보를 통
해 '단원'과 '성취 기준'을 확인하고, '콘텐츠 개요'를 통해 해당 앱이 어떠한 콘셉
트로 구성되었는지 알 수 있습니다. [그림 3-4-7]의 '관찰 내용을 분석하고 해석/
종합한 내용'은 수업 전에 하면 유용할 발문들이 제시되어 있습니다. 또한, 지도상
의 유의점도 확인할 수 있습니다. [그림 3-4-8]처럼 콘텐츠 맵은 앱을 처음부터
끝까지 체험해 보지 않아도 어떠한 구성으로 되어 있는지 알 수 있습니다.

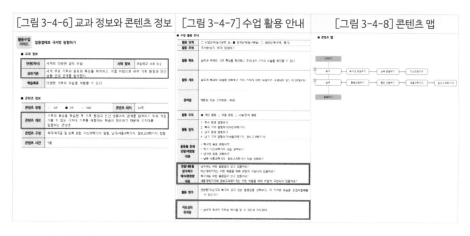

[그림 3-4-6] 교과 정보와 콘텐츠 정보	[그림 3-4-7] 수업 활용 안내	[그림 3-4-8] 콘텐츠 맵

콘텐츠가 실행되면 [그림 3-4-9]와 같이 모드를 선택하게 됩니다. 3D 모드를 선택하면 태블릿으로 VR 콘텐츠를 실행할 수 있습니다.

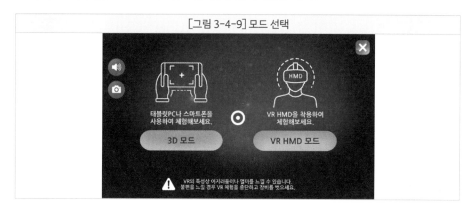

[그림 3-4-9] 모드 선택

if) 교내에 VR 기기가 있다면

학생들에게 스마트폰으로 앱을 다운받도록 하면 VR 콘텐츠 같은 경우 VR 기기를 사용하여 수업할 수 있습니다. 앱 다운 안내 시 앱의 용량이 크므로, 핸드폰 배터리가 100%고 Wi-Fi인 환경에서 다운로드받도록 안내합니다. 다운로드를 받지 못한 학생들은 태블릿으로 수업에 참여하도록 합니다.

√Check VR의 경우 음성 안내가 있는 콘텐츠가 많습니다. 학생들이 사용 중인 이어폰을 가져오게 하거나 저렴한 이어폰을 미리 품의해 두면 좋습니다. 이어폰 관리는 지퍼백에 출석 번호를 라벨링을 해서 관리하면 편합니다.

실감형 콘텐츠 앱 실행 후 태블릿을 상하좌우로 움직이면 흰색 동그라미의 마커가 움직입니다. 마커로 콘텐츠를 가리키면 선택이 됩니다. 태블릿을 바닥으로 향하게 내리면 [그림 3-4-11]처럼 [종료]할 수 있습니다.

AR 콘텐츠의 경우 AR 마커가 필요한 수업과 필요하지 않은 수업이 있습니다. [그림 3-4-12]는 AR 콘텐츠가 필요하지 않은 경우로, [마커없이 시작하기]를 클릭하면 됩니다. [그림 3-4-13]은 AR 마커가 있어야 사용할 수 있는 콘텐츠입니다.

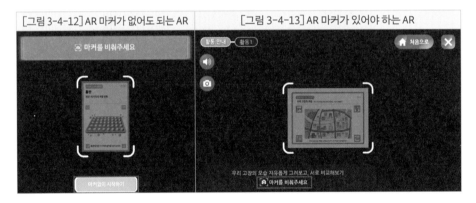

AR 마커는 에듀넷 티-클리어(https://dtbook.edunet.net/)에서 [수업]-[디지털 교과서]-[AR 마커 다운로드]에서 초등 사회 · 과학, 중등 사회 · 과학 AR 마커를 모두 다운로드할 수 있습니다. AR 마커가 필요한 콘텐츠의 경우, AR 마커를 출력 후 비추면 AR 체험을 할 수 있습니다.

수업 ▶ 디지털 교과서 ▶ 실감형 콘텐츠 ▶ AR 마커 다운로드 ▶ AR 마커 설치

[그림 3-4-15]는 고장의 모습이 그림으로 완성되어 있습니다. 해당 AR 마커를 비추면 고장의 지도 위에서 사람들이 움직이게 할 수 있습니다. 반면 [그림 3-4-16]은 고장을 직접 만들어 체험할 수 있는 AR 마커로, 학생이 스스로 만들어가는 AR 마커도 있습니다.

실감형 콘텐츠를 수업과 연결하기

● **수업 사례 ①**

관련 단원

초등 6학년 1학기 사회 1. 우리나라의 정치 발전

관련 성취 기준

• [6사 05-03] 일상생활에서 경험하는 민주주의 실천 사례를 탐구하여 민주주의 의미와 중요성을 파악하고, 생활 속에서 민주주의를 실천하는 태도를 기른다.

수업 흐름

수업 단계	수업 내용 및 활동	시간
도입	– 선거의 과정 예상하기	3'
전개	– 선거 과정 VR 체험하기(실감형 콘텐츠 앱 활용)	10'
	– 선택한 후보와 선택한 이유 정리하기	10'
	– 민주주의의 기본 정신과 선거가 민주주의의 꽃인 이유 알아보기(도서형 사회책)	12'
정리	– 핵심 정리	5'

VR, AR 체험형 콘텐츠 수업 소개

실감형 콘텐츠의 내부 앱들은 체험형 앱이 대부분입니다. 어떠한 발문이나 학습지 없이 단순히 VR/AR 체험만 하면 '재밌다'에서 끝나는 활동이 될 수 있습니다. 따라서 VR/AR 콘텐츠의 콘텐츠 맵 및 활용 가이드 등을 보거나 앱을 직접 체험해 보고 학습지를 구상하면 좋습니다.

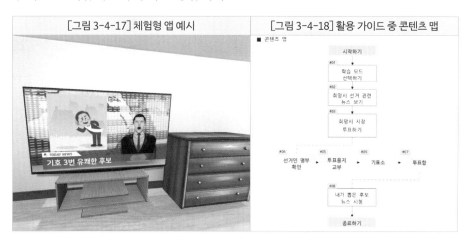

| [그림 3-4-17] 체험형 앱 예시 | [그림 3-4-18] 활용 가이드 중 콘텐츠 맵 |

앞서 나온 수업 사례와 같이 실감형 콘텐츠를 체험 전에 '선거에는 어떠한 과정이 있을지 예상'해 보는 발문을 한 뒤, '예상한 것이 맞는지 비교하며 체험해 보자'고 할 수 있습니다. 체험 후에는 단순 체험으로 끝나지 않도록 내가 선택한 후보의 이름과 그 후보를 선택한 이유를 써보는 학습지를 제시하거나, 발표를 통해 특정 후보를 선택한 이유를 모둠이나 학급 전체와 이야기할 수 있습니다. 마지막으로 교과서로 민주주의 정신과, 선거가 왜 민주주의 꽃인지 학습하게 됩니다. 즉, 단순 체험에 그치지 않고 선생님의 적절한 발문과 체험한 과정을 기록하는 학습지, 체험한 소감 나누기, 체험을 통해 알게 된 것 나누기 등을 통해 VR/AR 활용 수업의 효과를 극대화해 봅시다.

> ✔Check [그림 3-4-7]과 같이 활용 가이드에 '관찰 내용을 분석하고 해석/종합한 내용'에 좋은 발문이나 학습지 질문에 담을 만한 요소들이 많으니 참고할 수 있습니다.

> ✔Check 일부 콘텐츠의 활용 가이드에는 예시 활동지가 있습니다.

수업 사례 ②

관련 단원

초등 5학년 2학기 과학 5. 산과 염기

관련 성취 기준

- [6과 08-02] 지시약을 이용하여 여러 가지 용액을 산성 용액과 염기성 용액으로 분류할 수 있다.

수업 흐름

수업 단계	수업 내용 및 활동	시간
도입	– 과학을 활용한 미술 작품 알아보기	3'
전개	– 천연 지시약을 만들어 미술 작품을 그리는 방법 생각해 보기	5'
	– 자신이 원하는 색깔을 만들 때 필요한 용액과 지시약 생각해 보기	5'
	– 원하는 용액을 홈판에 떨어뜨려 색깔의 변화 관찰하기(실감형 콘텐츠 앱)	10'
	– 나만의 천연 지시약 작품 만들기(실감형 콘텐츠 앱)	10'
	– 천연 지시약 작품을 소통형 도구에 업로드하기(소통형 도구)	2'
정리	– 핵심 정리	5'

과학 AR 콘텐츠 수업 소개

이 수업의 경우 앞서 배운 개념을 바탕으로 천연 지시약을 활용한 작품을 만드는 차시입니다. 실감형 콘텐츠 앱으로 여러 케이스를 조합하여 색깔을 만들게 됩니다. 그 전에 어떤 지시약과 어떤 용액이 만나면 어떤 색이 나올지 예상해 보도록 합니다. 또한 실감형 콘텐츠 과학 AR의 경우 처음 다룰 때 어려울 수 있으므로, 교사가 간단한 사용 방법을 안내하고 활동을 시작하면 효과적입니다. 활동 중에는 어떤 지시약과 용액을 결합했는지 학습지에 기록해, 앱의 실험 결과와 비교해 볼 수 있도록 합니다. 활동 후에 학생들은 나만의 천연 지시약 작품을 만든 것을 캡처하여 소통형 도구(패들렛, 띵커벨 보드) 등에 업로드하고, 다른 친구들의 결과를 참고하여 어떠한 용액과 지시약을 결합했는지 예상해 볼 수 있습니다.

과학 실험의 경우 AR로 제작된 경우가 많습니다. 디지털의 장점을 바탕으로 실험이 잘못된 경우 되돌리기도 가능하고, 여러 재료별로 다양한 케이스의 실험이 가능합니다. 다만 과학 실험 AR은 처음 사용할 때는 헷갈릴 수 있으니 해당 수업 사례처럼 교사가 먼저 AR을 체험해 보고, 특정 AR 콘텐츠 사용 방법을 안내해 주는 게 좋습니다. 또한 단순 체험에서 끝나지 않도록 하기 위해 관찰 기록지나 학습지, 실험 관찰 등을 함께 활용해야 효과적입니다.

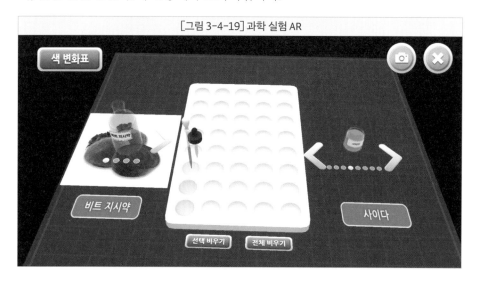

[그림 3-4-19] 과학 실험 AR

다양한 악기 연주하기 & 작곡하기 —
: 키림바 & 송 메이커

기악 합주 제재곡이 있는데 악기가 없어서 간단히 넘어가지는 않으셨나요? 태블릿을 사용하면 악기가 없어도 연주를 하거나 합주를 할 수 있습니다. 간단한 리듬 악기부터, 칼림바, 심지어 학생들이 쉽게 접해 보지 못한 세계의 다양한 악기까지 연주할 수 있습니다. 이를 통해 다양한 악기를 체험해 보는 경험을 할 수 있어 음악 시간이 더욱 풍성해집니다.

또한 앞으로 적용될 2022 개정 음악과 교육 과정의 교수·학습 방법에도 '인공지능, 가상 악기, 메타버스 등을 활용한 실감형 음악 학습 콘텐츠와 자료를 바탕으로 다양한 교수·학습이 실현될 수 있도록 한다.'라고 나와 있습니다. 가상 악기를 기반으로 한 음악 학습은 '가짜 음악'이 아니라 다양한 음악적 체험을 해볼 수 있는 또 다른 방법입니다.

'크롬 뮤직랩, 송 메이커'를 통해 이론으로 배운 계이름이나 박자, 화음을 시각화하여 연주할 수 있습니다. 오선지를 보고 악기로 연주하면 소리가 그대로 휘발되지만, 크롬 뮤직랩 송 메이커는 오선지를 보고 학생이 주도적으로 악곡을 구성하고 기록하는 구조이기 때문에 음악에 대한 개념을 알고 있는지 즉각적으로 확인할 수 있습니다. 또한 디지털의 장점을 바탕으로 여러 악기를 가지고 변형 연주가 가능하며, 각자 다른 타악기 소리를 넣어 반 학생 각각의 개성 있고 풍성한 음악을 작곡할 수 있습니다.

많은 타악기들이 앱으로 나왔습니다. 타악기나 건반 악기의 경우 클릭만 하면 연주가 되니 연주 방법도 매우 단순합니다. 즉, 악기 앱을 사용하면 악기가 없어도 다양한 악기를 체험할 수 있고, 음악 수업을 풍성하게 만들 수 있습니다. 또한, 일정한 박자에 맞춰서 연주를 하거나 리듬감을 익힐 때 다음 앱들을 활용하면 유용합니다.

[그림 3-5-1]	[그림 3-5-2]	[그림 3-5-3]
키림바(Keylimba) dvdfu 인앱 구매 제거　열기	Triangle Tanem Apps 광고 포함 제거　열기	Tabla: 인도의 드 Kolb Apps 광고 포함 · 인앱 구매 제거　플레이

✓Check 건반 악기, 타악기의 앱으로 연주를 연습하는 것은 실제 악기 연주 능력과도 관련이 높습니다. 예를 들어 칼림바 앱으로 곡 연습을 열심히 한 학생이라면, 실제 칼림바를 연주했을 때도 연주를 잘합니다.

관련 단원

초등 4학년 음악 3. 음악과 친구해요(천재교육(양종모) 기준)

관련 성취 기준

- [4음01-01] 악곡의 특징을 이해하며 노래를 부르거나 악기를 연주한다.
- [4음01-06] 바른 자세로 노래 부르거나 바른 자세와 주법으로 악기를 연주한다.
- [4음02-01] 3~4학년 수준의 음악 요소와 개념을 구별하여 표현한다.

수업 흐름

수업 단계	수업 내용 및 활동	시간
도입	- 에델바이스 다시 들어 보기	5'
전개	- 에델바이스 노래 부르기	5'
	- 키림바(칼림바) 앱으로 에델바이스 곡의 둘째 줄까지 연주하기	20'
	- 에델바이스 곡을 키림바(칼림바) 앱으로 합주하기	10'
정리	- 느낀 점 공유하기	5'

수업 소개

키림바 앱을 사용하면 키 개수를 조정하며 칼림바 연주를 할 수 있습니다.

[그림 3-5-4]

키림바(Keylimba)

dvdfu
인앱 구매

제거   열기

오른쪽 아래 [가운데 세 줄 모양]을 클릭한 뒤 [타인]을 클릭해 키 개수를 조정할 수 있습니다. 일반적으로 17키 칼림바를 많이 사용하지만, 더 높은 곡을 연주하는 경우 키의 개수를 더 높게 설정하면 됩니다.

[그림 3-5-5]   [그림 3-5-6]   [그림 3-5-7]

해당 수업 사례는 에델바이스 노래를 듣고, 부르는 것으로 수업이 시작됩니다. 음악 수업의 경우 대부분 노래를 들어 본 다음 노래 부르기, 리듬 익히기, 악기 연주하기, 화음 배우기, 작곡하기 등의 활동이 이어지는 구조입니다. 이 수업의 경우 악기로 연주하는 차시로, 여러 악기로 대체하여 연주할 수 있습니다. 칼림바 앱으로 예시를 들었지만, 다양한 악기로 대체할 수 있습니다.

크롬 뮤직랩 송 메이커

'크롬 뮤직랩'은 구글에서 만든 음악 웹사이트로 학생들이 다양한 음악적 경험을 할 수 있도록 돕습니다. 여러 프로그램을 지원하지만 이 책에서는 음악 요소와 개념을 체득하기에 가장 유용한 '송 메이커' 위주로 설명하겠습니다. 오선지의 악보를 송 메이커에 입력하면 원하는 악기를 선택하여 재생할 수 있습니다. 그리고 오선지의 악보를 송 메이커로 옮기려면 학생들은 음악 요소와 개념인 박자, 계이름 등 개념을 알고 있어야 가능합니다. 그 과정에서 이론으로만 배웠던 개념을 적용하고 체득할 수 있으며, 기본 멜로디 입력 후에도 화음 등을 입력하고 다양한 타악기 리듬도 넣으면서 풍성한 음악을 작곡해 나갑니다. 더 나아가서는 화음에 잘 어울리는 음들을 고려하고, 여러 리듬꼴을 조합하여 간단한 곡을 만들 수도 있습니다. 또한 앞으로 적용될 2022 개정 음악과 교육 과정에서는 창작 영역 성취 기준 적용 시 고려 사항으로 '음악 창작과 표현, 공유 소통 과정에서 디지털 매체를 적절히 활용함으로써 디지털 기초 소양을 기르도록 한다.'라고 명시되어 있습니다. 크롬 뮤직랩은 디지털 매체를 활용해 창작을 하는 과정에서 디지털 기초 소양을 기를 수 있는 훌륭한 도구입니다.

✓Check 실감형 콘텐츠에서 안내했듯이 학생들이 사용 중인 이어폰을 가져오게 하거나 저렴한 이어폰을 미리 품의해 두면 좋습니다. 이어폰 관리는 지퍼백에 출석 번호로 라벨링을 해서 관리하면 편합니다.

✓Check 소리를 작게 하여 노래를 재생할 때는 스피커에 귀를 대라고 하면 이어폰이 없이도 수업할 수 있습니다. 서로 피해를 주지 않기 위해 노력하면 충분히 가능합니다.

기능

학교 크롬 뮤직랩(https://musiclab.chromeexperiments.com/)에 들어가거나 포털
사이트에 '크롬 뮤직랩'이라고 검색하면 됩니다. 크롬 뮤직랩 내 여러 프로그램들
이 있지만, 그중 가장 유용한 '송 메이커'를 활용해 보도록 하겠습니다.

[그림 3-5-8]

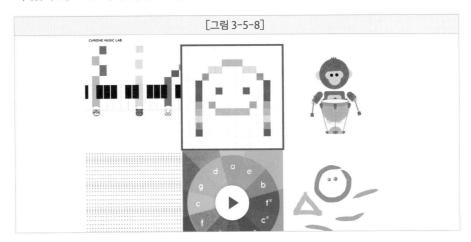

제일 먼저 우측 상단의 [점 세 개 모양]을 클릭한 다음 [번역]을 클릭하고 [한국
어]를 눌러 한국어로 보이도록 설정하겠습니다. 고학년 이상은 영어로 설정해도
괜찮습니다.

✓ Check 번역 설정 방법은 인터넷 브라우저별로 다를 수 있습니다. 앞 예시는 구글 크롬 브라우
저의 경우입니다.

[그림 3-5-11]의 **1, 2**는 멜로디 영역으로, **1**과 **2**가 배경색이 다른 이유는 한 마디를 기준으로 구분하기 위해서입니다. 배경이 흰색과 회색, 4영역으로 구분되어 있으므로 총 4마디 노래입니다. 또한 가로로 그어진 굵은 파란색 선을 기준으로 옥타브가 구분됩니다. 위쪽은 높은 음, 아래쪽은 낮은 음입니다. 현재 멜로디 영역에는 **5**의 악기가 연주되고 있습니다.

3 타악기입니다. 박자를 넣어 음악을 풍성하게 만듭니다. **6**의 악기가 연주됩니다.

4는 클릭하면 위에 입력한 음악이 재생됩니다.

5, 6은 클릭하여 악기의 종류를 변경할 수 있습니다.

7을 눌러 드래그하면 곡의 속도를 조절할 수 있습니다.

8은 박자나 음계 등을 설정할 수 있습니다. 클릭하면 [그림 3-5-13]이 나옵니다.

9는 잘못 클릭한 것이 있으면 이전으로 돌아갑니다.

10은 저장 버튼입니다. 구하다save를 클릭 후 복사한 링크를 저장해 두면 추후에도 곡을 이어서 연주 및 편집할 수 있습니다. 다음 차시에 이어서 수업할 때 사용합니다. 주로 저장해서 태블릿 노트 앱에 공유해 두거나, 소통형 도구(띵커벨 보드, 패들렛 등)에 업로드해 둡니다.

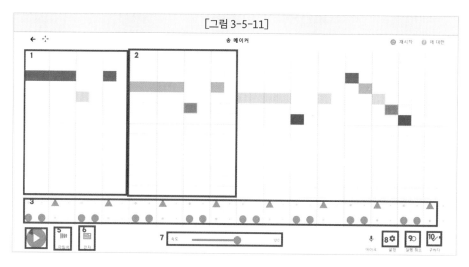
[그림 3-5-11]

가을바람 노래를 송 메이커에 옮겨 반주와 화성을 넣는 등 다양한 방법으로 연주하기 위한 설정을 해보겠습니다.

[그림 3-5-13]은 [그림 3-5-11]에서 설정을 누른 화면입니다.

1은 마디의 개수를 설정합니다. 현재 가을바람은 12마디 노래이므로 12로 설정하였습니다. 최대로는 16마디까지 가능합니다. 만약 긴 노래일 경우에는 도돌이표 등을 제외하고 설정할 수 있습니다.

2는 박자입니다. 이름을 보니 '바당 비트 수'라고 되어 있습니다. 위 1번에 '12바'라고 되어있는 것으로 보아 각 마디별로 몇 박으로 나눌지 정하는 것이기 때문에, 박자를 설정하는 게 맞습니다. 4박자 노래이므로 '4'로 설정하겠습니다.

3인 비트 나누기는 1로 설정하면 한 박(4분음표)밖에 표현하지 못합니다. 2로 설정하면 4분음표를 둘로 나눈 반 박(8분음표)까지 표현이 가능합니다. 3이나 6은 국악 노래 박자로 쓰일 수 있습니다. 4로 설정하면 4분의 1박(16분 음표)까지 표현이 가능하며, 최대 7까지 설정할 수 있습니다.

4는 음계입니다. 주요한 major 음계는 도/레/미/파/솔/라/시/도만 있는 7음계입니다. 동양 악기가 주로 사용하는 5음계나 샵과 플랫이 포함된 반음계로도 변경할 수도 있습니다.

5는 조성을 설정합니다. 시작을 C뿐 아니라 D, E 등으로 다양하게 설정할 수 있습니다.

6은 최대 옥타브를 설정합니다. 가을바람의 경우 멜로디를 1옥타브, 반주를 1옥타브, 총 2옥타브를 사용할 예정이라 2로 설정했습니다. 최대 3옥타브까지 설정할 수 있습니다.

[그림 3-5-13]

1 길이	<u>12 바</u> − + **12마디**	**4** 규모	주요한 ∨
2 바당 비트 수	<u>4</u> − + **4분의 4박자**	**5** 시작	가운데 ∨ 씨 ∨
3 비트 나누기	<u>2</u> − + **최대 8분음표**	**6** 범위	2 옥타브 − +

✓Check 4분의 3박자라면 [바당 비트 수]를 3으로, 16분음표가 있으면 [비트 나누기]를 4로 설정합니다.

다음은 [그림 3-5-13]에서 4번 규모(음계)의 자세한 설정입니다. 기본적으로 7음계(주요한, Major)로 설정되어 있지만, 반음계(Chromatic)나 5음계(Pentatonic)으로 설정하여 다양한 곡을 연주할 수도 있습니다.

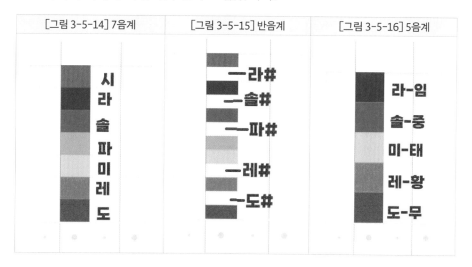

[그림 3-5-14] 7음계	[그림 3-5-15] 반음계	[그림 3-5-16] 5음계

수업 사례

관련 단원

초등 5학년 1학기 음악 1. 음악에 귀 기울여요(천재교육(양종모) 기준)

관련 성취 기준

- [6음01-01]악곡의 특징을 이해하며 노래 부르거나 악기로 연주한다.
- [6음01-06] 바른 자세와 호흡으로 노래 부르거나 바른 자세와 주법으로 악기를 연주한다.
- [6음02-01] 5~6학년 수준의 음악 요소와 개념을 구별하여 발표한다.

1차시 수업 흐름

수업 단계	수업 내용 및 활동	시간
도입	– 가을바람 들어 보기	5'
전개	– 음이름과 계이름 알아보기	10'
	– 다장조 음계를 여러 가지 방법으로 표현해 보기	10'
	– 가을바람 노래 부르기	10'
정리	– 학습 정리	5'

2~4차시 수업 흐름

수업 단계	수업 내용 및 활동	시간
도입	– 크롬 뮤직랩 소개하기	10'
전개	– 크롬 뮤직랩 송 메이커의 기본 기능 배우고 설정하기	20'
	– 박자와 계이름 맞춰 송 메이커에 악곡 입력하기	25'
	– 타악기 추가하여 음악 풍성하게 만들기	10'
	– 다장조의 주요 화음 학습하기	15'
	– 다장조의 주요 화음 추가하기	20'
정리	– 크롬 뮤직랩 송 메이커 음악회	20'

수업 소개

이 수업은 송 메이커를 처음으로 다루는 경우의 수업 사례입니다. 다장조이면서 4분음표나 8분음표로 구성된 간단한 노래인 '가을바람'으로 연습을 시작하려고 합니다. 가을바람이 아니어도 다장조이면서 4분음표나 8분음표로 구성되어 있는 간단한 동요는 전부 좋습니다. 1차시에는 가을바람을 들어 보고, 오선지 악보를 계이름으로 부르는 방법을 배워 봅니다. 매 학년마다 배워 이미 알고 있는 학생들도 많지만, 헷갈려 하는 학생들도 많으므로 다시 한번 복습합니다.

2차시부터 본격적으로 크롬 뮤직랩 송 메이커에 대해 배워 봅니다. 기본 기능을 배우고, 악곡에 맞는 설정을 합니다. 해당 사례의 경우 가을바람이 12마디 노래이기 때문에 설정에서 길이length는 12, 4박자 노래이기 때문에 바당 비트 수beats for bar는 4, 8분음표가 포함되어 있어 비트 나누기splits beat into는 2로 설정하였습니다. 16분음표가 있다면 비트 나누기splits beat into는 4로 설정했을 겁니다. 그림은 한 칸이 8분음표이기 때문에 4분음표를 표현하는 방법은 한 칸을 비우는 것입니다. 그러면 한 템포를 쉬기 때문에 4분음표로 연주됩니다. 만약 한 칸을 비우지 않고 두 칸을 칠한다면 8분음표가 2번 연주됩니다.

[그림 3-5-17]	[그림 3-5-18]

기본 기능을 배운 뒤에는 송 메이커에 악곡을 입력합니다. 멜로디를 입력하고 나서는 화음까지 입력해 봅니다. 화음을 입력하기 전 멜로디 계이름별로 어울리는 주요 화음을 알려 주어 어울리는 화음을 입력하도록 합니다. 이 과정에서 학생들은 주요 화음을 직접 적용해 보고 어울리지 않는 화음을 입력했을 때 미묘하게 어색한 느낌을 찾아낼 수 있습니다. 주요 화음까지 입력했다면 우측 하단의 구하다save를 눌러 링크를 소통형 도구에 업로드합니다. 교사는 교사용 컴퓨터로 학생들

이 업로드한 링크에 들어가 학생별로 완성한 노래를 틀어 주며 크롬 뮤직랩 송 메이커 음악회를 진행할 수 있습니다. 같은 곡이어도 타악기의 종류나 멜로디 악기의 종류, 음악의 속도에 따라 학생별로 다양한 노래가 완성됩니다.

다장조 노래로 송 메이커를 익힌 다음

처음에는 교과서에서 가을바람처럼 다장조 노래에 4분음표, 8분음표로 구성된 간단한 악곡으로 연습을 하고, 익숙해지면 16분음표가 들어간 노래나 샵 또는 플랫이 들어간 교과서 속 다양한 노래, 간단한 가요도 송 메이커로 입력할 수 있습니다. 16분음표가 들어간 노래를 할 때는 앞서 나온 [그림 3-5-13]에서 3의 비트 나누기를 4로 설정해야 합니다. 샵이나 플랫이 들어간 노래를 할 때는 마찬가지로 [그림 3-5-13]에서 4의 규모를 클릭해 음계를 반음계로 설정해야 합니다.

또한, 여러 리듬꼴을 조합하고 주요 화음에 어울리는 멜로디를 입력하여 간단한 작곡을 할 수도 있습니다. 전체를 작곡하는 것이 아니더라도 한두 마디의 멜로디 바꾸기 활동을 할 수도 있습니다. 이 과정에서 학생들은 음악 요소와 개념을 적용할 기회를 갖습니다.

✓Check 송 메이커 곡 완성은 학생별로 완성 속도가 다릅니다. 친구들을 도와 주게 하거나(도와 주되, 대신 클릭해 주지 않기), 5장의 '다 한 학생 기다리기'를 참고해서 적용하셔도 좋습니다.

✓Check 송 메이커 우측 하단의 구하다save를 클릭하여 링크를 복사하면 다음 차시에 이어서 같은 노래를 편집할 수 있습니다. 이 링크를 태블릿 내 노트앱에 기록하거나 소통형 도구에 업로드해야 합니다.

✓Check 처음에 학습할 때 타악기는 [그림 3-5-11]의 타악기 부분(동그라미, 세모)처럼 반복적인 리듬으로 설정하는 것을 추천합니다.

✓Check 송 메이커로 다른 노래도 도전해 보세요! 음악 요소와 개념을 적용하기에 최적화된 수업입니다.

* 송 메이커 수업용 PPT 다운로드

6 미술

손 버리지 않는 스케치북, 팔레트, 붓 활용하기
: 8bit 화가 & Real color Mixer & Silk Art Portrait & Zen Brush

미술 수업 시 가장 많이 들리는 말 중 하나는 "아 망했다."일 겁니다. 교사가 망하는 건 없다고 애써 얘기하지만 학생 본인은 망했다고 생각하는 미술 작품을 이어서 완성하는 것은 좀처럼 쉽지 않은 일입니다. 그렇다고 작품을 처음부터 다시 하자니 시간이 부족합니다. 그러나 태블릿을 사용하여 미술 수업을 하면 망할 일은 없습니다. 망했다고 생각하면 되돌리기 버튼이나 지우개를 사용하면 됩니다. 선택할 수 있는 색깔과 펜, 붓 굵기의 다양성도 보장됩니다. 3~6장에서 다룰 내용 말고도 뒤 7장의 프로젝트 결과물인 발표 자료나 포스터, 영상도 넓은 범주에서 보면 미술 수업입니다. 태블릿으로 할 수 있는 미술 활동은 정말 많고 다양합니다. 또한 학생들이 앞으로 살아갈 시대는 순수 미술을 따로 전공하려 하지 않는 한, 디지털로 미술 작품(홍보물, 발표 자료 등)을 만들고, 디지털로 만들어진 작품을 접하는 경우가 훨씬 많을 겁니다. 미래 시대를 살아갈 학생들에게 디지털 미술 역량은 가장 중요한 것 중 하나입니다. 이번 태블릿 수업을 통해 학생들의 디지털 미술 역량이 신장될 것입니다.

8bit 화가

8bit 화가는 픽셀아트를 할 수 있는 앱입니다. 그림판에 그림을 그리려면 학생들이 어려워하지만, 8bit 화가의 캔버스에 그림을 그리라고 하면 비교적 쉽게 그립니다. 왜냐하면 캔버스 크기가 네모 칸으로 정해져 있어 일반 그림판보다 색칠하기가 쉽기 때문입니다.

[그림 3-6-1]

8bit 화가 (8bit Painter)
OneTap Japan
광고 포함 · 인앱 구매

기능 알아보기

[+]를 누르면 캔버스 크기를 정할 수 있습니다. 학생들 수준에 따라 캔버스 크기를 정할 수 있다는 점도 매력적입니다. 자신이 있는 학생들은 192×192를 선택해 자세히 표현할 수 있는 그림을 그리고, 자신이 없는 학생들은 픽셀 수가 적은 그림을 선택합니다.

[그림 3-6-2]

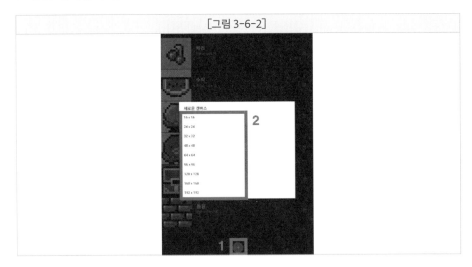

캔버스 크기를 선택하면 [그림 3-6-3]이 나오며, 각각의 기능은 다음과 같습니다.

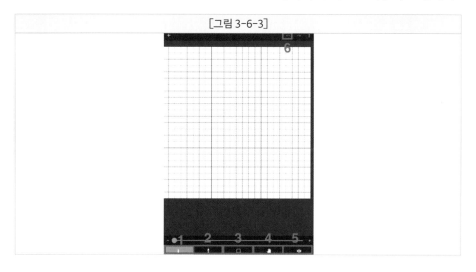

[그림 3-6-3]

1 펜

2 스포이드(이미 선택했던 색을 선택하면 해당 색으로 변경됩니다)

3 색 선택하기

4 캔버스 움직이기

5 바둑판 모양의 픽셀을 보이지 않게나 보이게 설정

6 되돌리기

수업 사례

관련 단원

초등 3학년 2학기 미술 10. 생활 속 통통 튀는 디자인(천재교육(안금희) 기준)

관련 성취 기준

- [4미02-01] 미술의 다양한 표현 주제에 관심을 가질 수 있다.
- [6미02-05] 다양한 표현 방법의 특징과 과정을 탐색하여 활용할 수 있다.

수업 흐름

수업 단계	수업 내용 및 활동	시간
도입	– 그림판으로 디자인한 다양한 작품들 감상하기	5'
전개	– 픽셀의 의미와 픽셀아트 예시 보기	10'
	– 8bit 화가 사용 방법 익히기	5'
	– 주제에 맞는 그림을 그리고 소통형 도구에 업로드하기	15'
정리	– 친구들 작품 감상하기	5'

수업 소개

그림판으로 디자인한 작품들이나 픽셀의 의미, 픽셀아트 작품을 보는 것으로 수업이 시작됩니다. 단순한 그림이어도 픽셀아트로 변환하면 픽셀아트만의 분위기가 납니다. 픽셀아트 작품은 인터넷에 검색하면 예시가 많습니다. 이후 학생들은 8bit 화가 앱의 기본 기능을 익히고 작품을 완성합니다. 크게 3가지 수업 방법이 있습니다. 주제에 맞는 그림을 그리게 하거나, 자유 작품을 그리게 하거나, 도안을 따라 그리게 할 수 있습니다. 다음의 [그림 3-6-4]는 8bit 화가 앱을 처음 썼을 때로, 다양한 감정 이모티콘을 그린 경우입니다. 이때 캔버스의 크기를 본인이 원하는 대로 선택할 수 있어, 학생 모두가 작품을 부담 없이 완성할 수 있습니다. 그림을 그린 후에는 소통형 도구에 업로드하고, 다른 친구들의 작품을 감상하도록 합니다. 퀄리티가 높은 작품을 만들기 위해서는 픽셀아트 도안을 사용할 수 있으며, 태블릿 분할 화면을 사용하면 더욱 효과적입니다.

[그림 3-6-4]

✓Check 픽셀아트라고 검색하면 다양한 픽셀아트 도안 예시를 볼 수 있습니다. 갤럭시탭의 경우 픽셀아트 도안을 보면서 동시에 그림을 그리려면 다음과 같이 분할 화면 설정을 하도록 합니다.

태블릿의 좌측 하단 **1** [세로 세 줄 모양]을 누르고 **2** 분할 화면으로 볼 첫 번째 앱을 선택합니다. **3** [분할 화면으로 열기] 클릭 후 **4** 분할 화면으로 볼 두 번째 앱을 선택하면, 두 앱을 동시에 볼 수 있습니다.

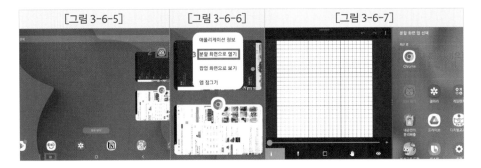

[그림 3-6-5]	[그림 3-6-6]	[그림 3-6-7]

✔Check 기기별로 분할 화면 설정 방법이 일부 다를 수 있습니다.

✔Check 픽셀아트는 저학년 학생들도 쉽고 즐겁게 참여할 수 있는 활동입니다.

Real Color Mixer

Real Color Mixer는 색 섞기에 대해 학습할 수 있는 앱입니다. 특정 색깔을 섞어 무슨 색이 되는지 결과가 바로 나오고, 수채화 물감 준비 등의 어려움이 없기 때문에 편리합니다. 다양한 색을 섞을 수도 있고, 색별로 명도와 채도를 조절할 수도 있습니다. 또한 색을 조합한 결과로 명도와 채도를 판단할 수도 있으며, 자신만의 색을 만들고 공유할 수 있습니다.

[그림 3-6-8]

앱을 실행하고 Palatte를 누르면 [그림 3-6-10]의 화면이 나옵니다. 맨 위의 색깔을 클릭하면 아래에 색이 추가되며, +와 -를 눌러 색을 얼마나 넣을지 조합할 수 있습니다. 또한 [save]를 누르면 만든 색이 아래에 저장됩니다. 우측 상단의 스포이드를 눌러 다른 색을 기본색으로 설정해 보겠습니다.

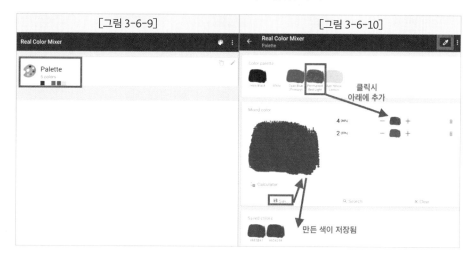

상단 메뉴에서 원하는 색을 선택하면 같은 색 유형들이 여러 가지 나옵니다. 우측 하단 [ADD]를 누르면 [그림 3-6-12]와 같이 새로운 색이 추가됩니다. 추가된 색을 섞어 다양한 색들을 만들 수도 있습니다.

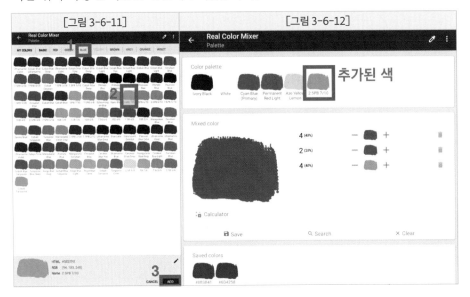

[그림 3-6-11]　　　　　[그림 3-6-12]

수업 사례

관련 단원

초등 5학년 1학기 미술 3. 색과 함께하는 세상(미술(안금희) 기준)

관련 성취 기준

• [6미02-05] 다양한 표현 방법의 특징과 과정을 탐색하여 활용할 수 있다.

1~2차시 수업 흐름

수업 단계	수업 내용 및 활동	시간
도입	– 알고 있는 색, 좋아하는 색 이야기하기	5'
전개	– 명도와 채도 익히기	20'
	– Real Color Mixer 사용 방법 익히기	10'
	– 교사가 보여 주는 색과 비슷한 색 만들기 미션	10'
	– 친구가 보여 주는 색과 비슷한 색 만들기 미션	15'
	– 나만의 색 만들어 업로드하고 친구들 작품 감상하기	15'
정리	– 명도와 채도 학습 정리	5'

수업 소개

해당 수업 사례는 명도와 채도와 연계하여 진행하였으나, 명도와 채도를 배우지 않는 학년도 미술 색 관련 차시에 색 혼합의 감을 잡는 데 활용할 수 있습니다. 이번 수업의 경우 명도와 채도에 대해 익힌 다음, Real Color Mixer 앱의 사용 방법을 익히게 됩니다. 사용 방법을 익힌 후에는 교사와 친구가 보여 주는 색과 비슷한 색을 만들어 보는 미션을 진행합니다. 이때 단순 색 맞추기로 전락하지 않도록 이전 색과 명도나 채도를 비교해 보고, 색을 혼합하기 전에 어떠한 색으로 섞었을지 추측해 보자는 발문을 하면 더욱 효과적입니다. 친구가 보여 주는 색과 비슷한 색을 만들 때는 대표 학생이 만든 색을 소통형 도구에 업로드하면 다른 학생들도 볼 수 있습니다. 명도와 채도도 반복적으로 익히고, 다양한 색 혼합과 조합을 체험한 후에는 자신만의 색을 만들고 [그림 3-6-13]처럼 소통형 도구에 업로드하여 친구들의 색과 자신의 색을 비교합니다.

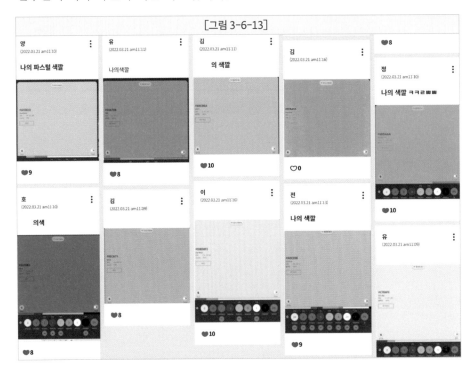

[그림 3-6-13]

Silk Art Portrait은 디지털 데칼코마니 앱으로, 기하학적 무늬를 예쁘게 만들 수 있는 앱입니다. 쉽게 예쁜 문양이 완성되어 단순하지만 학생들이 가장 즐거워하는 프로그램 중 하나입니다.

[그림 3-6-14]

기능 알아보기

좌측 상단의 [MENU]를 누르면 메뉴 창이 나와 다른 색을 선택할 수 있고 [UNDO]는 되돌리기입니다. [POINT]의 숫자 1은 한 번 접는다는 의미로, 펜으로 그림을 그리면 대칭되는 한 면에 똑같이 나타납니다. 2는 4면에 똑같이 나타나고, 3은 6면, 6은 12면에 똑같은 그림이 그려집니다.

[그림 3-6-15]

•수업 사례

관련 단원

초등 5학년 1학기 미술 6. 현대 미술을 찾아서(천재교육(류재만) 기준)

관련 성취 기준

- [4미02-01] 미술의 다양한 표현 주제에 관심을 가질 수 있다.
- [6미02-05] 다양한 표현 방법의 특징과 과정을 탐색하여 활용할 수 있다.

수업 흐름

수업 단계	수업 내용 및 활동	시간
도입	- 현대 미술 작품 다시보기	5'
전개	- 빛과 관련된 예술 작품 알아보기	15'
	- Silk Art Portrait 앱으로 작품 만들고 소통형 도구에 업로드하기	15'
정리	- 친구들 작품 감상하기	5'

수업 소개

Silk Art Portrait 조작법이 쉽기 때문에 위 수업은 어느 학년이든지 가능합니다. 구체적으로는 빛과 관련된 작품을 감상하고, Silk Art Portrait 앱으로 빛 활용 작품을 만들어 보도록 했습니다. 작품을 완성한 후에는 다른 태블릿 활용 미술 수업과 마찬가지로, 소통형 도구에 업로드하여 다른 학생들과 완성한 미술 작품을 공유했습니다.

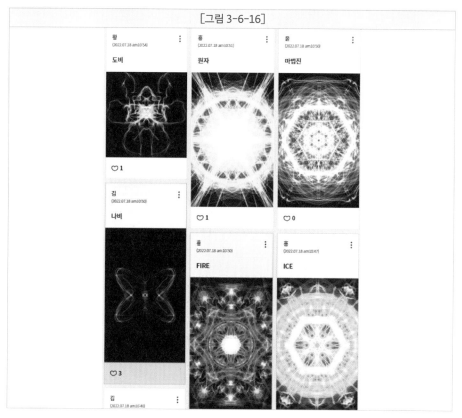

[그림 3-6-16]

✓Check 태블릿 전용 펜이 있다면 Silk Art Portrait 앱을 사용할 때는 쓰지 못하게 하는 것을 추천합니다. 액정을 너무 강하게 눌러서 액정에 기스가 나거나 펜촉이 고장날 수 있습니다. 이 앱은 펜이 없어도 사용할 수 있는 앱입니다.

Zen Brush

Zen Brush는 간단한 수묵화를 그릴 수 있는 앱으로, 학생들이 먹 없이 간단하게
수묵화를 체험해볼 수 있는 앱입니다. 붓의 굵기, 먹의 진하기 정도를 선택하여 실
제 수묵화와 비슷하게 표현할 수 있습니다.

[그림 3-6-17]

Zen Brush

PSOFT MOBILE

광고 포함 · 인앱 구매

기능 알아보기

[그림 3-6-18]

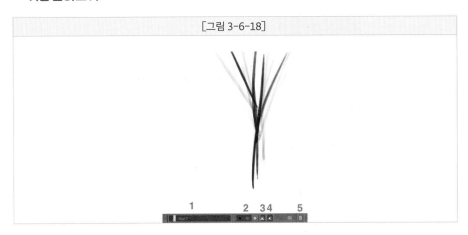

Zen Brush의 각 기능은 다음과 같습니다.

1 붓의 굵기를 드래그하여 선택합니다.

2 먹의 진하기 정도를 선택합니다.

3 깨끗하게 지우는 지우개입니다.

4 연하게 지우는 지우개입니다. 먹의 느낌을 살려 지울 수 있습니다.

5 새로운 페이지에 그림을 다시 그릴 수 있습니다.

수업 사례

관련 단원

초등 3학년 1학기 미술 2. 아름다운 우리 먹그림(천재교육(류재만) 기준)

관련 성취 기준

- [4미02-01] 미술의 다양한 표현 주제에 관심을 가질 수 있다.
- [6미02-01] 표현 주제를 잘 나타낼 수 있는 다양한 소재를 탐색할 수 있다.

수업 흐름

수업 단계	수업 내용 및 활동	시간
도입	– 우리나라의 옛날 미술 작품 감상하기	5'
전개	– 수묵화 작품 감상하기	10'
	– Zen Brush 앱으로 간단한 수묵화 그리기	20'
정리	– 친구들 작품 감상하기	5'

수업 소개

학년마다 대부분 수묵화를 배우는 차시가 있습니다. 첫 차시에 Zen Brush로 그림을 그려 보면 특별한 준비 없이 체험을 하는 과정에서 수묵화 이해에 큰 도움이 됩니다. 이 수업 사례처럼 수묵화 작품을 감상한 뒤, 자유롭게 수묵화 작품을 완성할 수 있습니다. 완성 후에는 다른 수업과 마찬가지로 소통형 도구에 업로드하고 다른 친구들의 작품을 감상합니다.

수묵화 예술 작품을 참고하여 작품을 그리고 싶은 경우 분할 화면으로 한 쪽은 Zen Brush, 다른 한 쪽은 참고할 작품을 열어 놓고 볼 수 있습니다. 분할 화면 설정 방법은 앞서 나온 [그림 3-6-5]~[그림 3-6-7]에 있습니다.

[그림 3-6-19~22] Zen Brush 학생 작품 예시

7 미술, 기술

3D 모델링으로
미래 역량 기르기
: 틴커캐드

과거에는 디자인이나 모델링이 종이 등의 2D 평면에 손으로 그리는 것이었다면 현재는 디지털 기술을 이용해 3D로 만들어 이쪽저쪽으로 돌려 보기도 하고, 3D 제작 프로그램으로 만든 모델을 3D로 곧장 출력하기도 합니다. 인테리어 디자인, 건축, 각종 제품 모델링에 3D는 필수 요소가 되었습니다.

그렇다면 교실에서 태블릿으로 3D 모델링을 배우면 어떤 것이 좋을까요?

첫째로, 미술과 기술의 만들기 시간에 재료와 공간의 제한을 넘어설 수 있습니다. 프로그램 내에서 어떠한 크기의 제품도 만들 수 있고, 생각하는 어떤 것이든 구현할 수 있습니다. 혹시 미술 시간에 무언가를 창의적으로 만들기보다는 도안 색칠을 훨씬 많이 하지는 않으신가요? 3D 모델링을 이용하면 건축물이나 환조, 부조 등 어떠한 것이든 만들 수 있습니다. 심지어 기술 교과에서는 정확한 치수를 계산하여 제품을 만들 수도 있습니다.

둘째, 3D 모델링을 통해 자신의 아이디어를 현실로 옮길 수 있습니다. 이는 미래 시대를 살아가는 데 큰 장점 중 하나일 것입니다. 저 같은 경우 기초적인 3D 모델링 능력을 바탕으로, 집 입주 전 인테리어 디자인을 3D로 직접 모델링했습니다. 또한 SW 교육 공간 구축 연구를 진행할 때 현실에 아직 없는 SW 교육용 미래형 책상을 3D로 디자인해 표현하기도 했습니다. 학생들이 3D 디자인을 전공하지 않더라도, 머릿속에서 고안한 디자인을 시각화/현실화할 수 있는 능력은 미래 시대에서 큰 자산이 될 것입니다.

이번 장에서 다룰 틴커캐드는 전문가들이 사용하는 다양한 3D 프로그램들(로블록스 맵 만들기, 스케치업, 3ds max 등)과 그 기본 기능(더하기, 빼기 등)이 동일합니다. 향후 다른 3D 프로그램을 배우더라도 보다 쉽게 터득할 수 있을 겁니다.

틴커캐드

틴커캐드(https://www.tinkercad.com/)에 접속합니다. 네이버나 구글 등 포털 사이트에서 틴커캐드(혹은 팅커캐드)로 검색해 접속할 수 있습니다.

[그림 3-7-1] 틴커캐드

🔲 www.tinkercad.com

Tinkercad | 온라인 CAD로 3D 디지털 디자인 제작 | Tinkercad ⊕ 번역보기

Tinkercad is an easy-to-use 3D CAD design tool. Quickly turn your idea into a CAD model for a 3D printer with Tinkercad.

✓Check 틴커캐드 앱도 있지만, [그림 3-7-1]처럼 포털 사이트에서 검색해 웹으로 접속하는 것이 더 안정적입니다.

✓Check 틴커캐드는 교실에서 태블릿으로 해도 좋지만, 컴퓨터실에 가서 해도 좋은 수업입니다.

수업 만들기

가장 먼저 수업을 개설할 수 있습니다. 1회성으로 수업하지 않고 2회 이상 꾸준히 활용한다면 수업을 개설하는 것이 좋습니다. 수업을 개설하면 교사 계정으로 학급 학생 전체의 결과물을 한 번에 확인할 수 있어 결과물을 다른 학생들에게 공유하고 작품을 발표하는 데 편리합니다. 또한, 교사가 직접 확인하고 수정할 수도 있어 피드백을 제공하는 데도 유용합니다. 틴커캐드에 입장 후 [그림 3-7-2]의 **1**번과 같이 팅커링 시작을 클릭합니다. 혹은 **2**번의 로그인 버튼을 클릭해 로그인도 가능합니다. 교사는 '교사는 여기에서 시작'을 클릭하여 학급을 먼저 개설할 것입니다. 추후 수업 시 학생들은 '학생, 수업 참여'를 클릭할 것입니다. 이는 수업 만들기를 완료한 후 나중에 다시 안내하겠습니다. 체험형으로 1회성 수업을 한다면 수업을 만들지 않아도 학생들은 3D 디자인을 할 수 있습니다.

[그림 3-7-2] 틴커캐드 입장

[그림 3-7-3] 틴커캐드 로그인

교사임을 확인하는 화면([그림 3-7-4])이 뜨고, 이를 동의한 후 계정을 생성할 수 있습니다. 많은 분들이 구글 계정을 가지고 있을 것이므로 구글Google로 로그인을 진행하면 간편합니다.

[그림 3-7-4] 교사 로그인

[그림 3-7-5] 계정 선택

로그인을 완료하면 [그림 3-7-6]과 같은 창이 뜹니다. 여기에서 수업 만들기가 가능합니다. 네모 안의 '새 수업 만들기' 버튼을 클릭합니다. 그 후 [그림 3-7-7]과 같이 강의실 이름, 학년, 주제를 선택하여 수업을 개설합니다.

| [그림 3-7-6] 새 수업 만들기 | [그림 3-7-7] 수업 설정 |

학급을 개설하면 [그림 3-7-8]과 같이 내가 개설한 학급명이 뜨게 되고, 학급 명을 누른 후 [그림 3-7-9]와 같이 [학생 추가] 버튼을 클릭해 학생을 추가할 수 있습니다.

| [그림 3-7-8] 학급 개설 | [그림 3-7-9] 학생 추가 |

[그림 3-7-9]의 학생 추가를 클릭하면 [그림 3-7-10]이 뜹니다. 엑셀이나 구글 스프레드시트의 명렬표를 복사해서 붙여 넣으면 그대로 들어갑니다. 학생 명단이 추가되면 우측 하단의 [학생 n명 추가]를 클릭합니다.

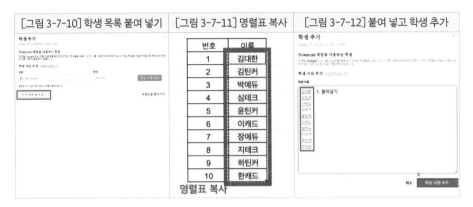

[그림 3-7-10] 학생 목록 붙여 넣기	[그림 3-7-11] 명렬표 복사	[그림 3-7-12] 붙여 넣고 학생 추가

위 과정을 완료하면 [그림 3-7-13]과 같이 추가된 학생 이름이 입력되어 있습니다. [수업 링크 공유]를 클릭하면 [그림 3-7-14]처럼 수업 코드가 크게 나옵니다.

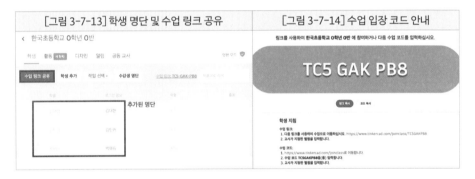

[그림 3-7-13] 학생 명단 및 수업 링크 공유	[그림 3-7-14] 수업 입장 코드 안내

학생들은 해당 코드를 입력해 수업에 참여할 수 있습니다. 이번에는 학생이 태블릿을 이용하여 틴커캐드에 입장하는 과정을 안내하겠습니다.

앞서 말씀드린 대로 학생들도 [그림 3-7-15]와 같이 교사와 같은 방법으로 접속 후, [그림 3-7-16]의 [학생, 수업 참여]를 클릭합니다.

그럼 다음과 같이 수업 코드를 입력할 수 있습니다. 수업 코드는 앞서 생성한 [그림 3-7-14]의 코드를 입력합니다.

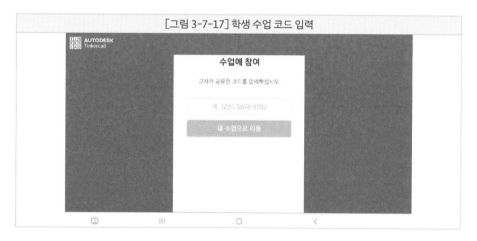

이후 해당 수업 이름이 뜨고 [별칭으로 참여] 버튼을 클릭합니다. 별칭은 [그림 3-7-13]에서 설정한 대로 입력하면 됩니다. 책에서는 학생 이름을 별칭으로 설정하는 것을 추천하였습니다. 학생의 이름을 입력하여 수업에 입장합니다.

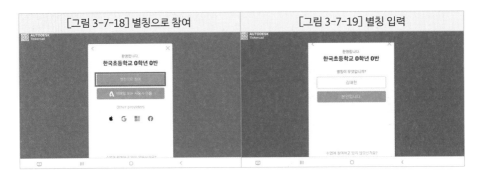

[그림 3-7-18] 별칭으로 참여	[그림 3-7-19] 별칭 입력

[그림 3-7-20]과 같이 학생은 수업에 입장하였습니다. 왼쪽의 디자인 탭에서 [첫 번째 3D 디자인을 작성하세요]를 클릭하여 작품을 만들 수 있습니다.

[그림 3-7-20] 학생 수업 입장

기능 알아보기

틴커캐드의 가장 기본이 되는 화면입니다. 자주 쓰는 버튼 위주로 각 버튼을 설명하겠습니다.

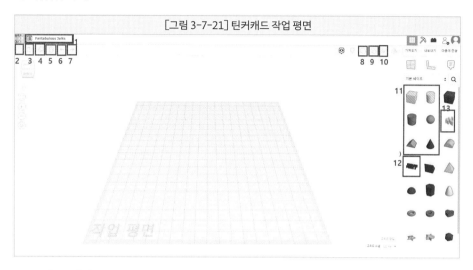

[그림 3-7-21] 틴커캐드 작업 평면

1 이름 변경

작업 이름을 변경할 수 있습니다. 처음에는 임의의 영어로 설정되며, 이 이름을 클릭하여 새로운 이름으로 변경 가능합니다. 작품을 시작하기 전, 가장 먼저 작업 이름을 변경하는 것이 좋습니다.

2 복사

작업 평면에 놓인 도형을 복사합니다. 도형을 누르면 선택됩니다.

3 붙여 넣기

2번을 클릭해 복사된 쉐이프를 붙여 넣습니다. 기존에 있던 쉐이프의 오른쪽에 복사됩니다.

4 복제 후 반복

같은 자리에 같은 모양으로 복제됩니다. 복제한 도형을 옆으로 이동시켜 보면 복제된 것을 확인할 수 있습니다. 새로 복제된 쉐이프의 크기나 위치를 살짝 변경한 후 이 버튼을 계속 클릭하면 방금 변경한 만큼 반복되어 계속 복제됩니다.

5 삭제

선택한 도형을 삭제합니다.

6 명령 취소(뒤로)

직전 명령을 취소합니다.

7 명령 복구(앞으로)

직전에 취소한 명령을 되돌립니다.

8 그룹화

2개 이상의 도형을 클릭해 하나의 도형으로 묶습니다. 2개 이상의 도형을 클릭하는 방법은 해당 도형을 연속해서 터치하면 됩니다. 혹은 여러 개의 도형을 한번에 선택하기 위해서는 작업 평면의 빈 곳을 두 번 터치 후 드래그를 하면 전체 선택이 가능합니다.

9 그룹 해제

그룹화된 도형을 클릭해 원래의 도형으로 각각 분리합니다.

10 정렬

선택된 2개 이상의 도형을 원하는 기준점을 축으로 삼아 정렬합니다.

11 기본 쉐이프

다양한 입체 도형이 있습니다. 이를 작업 평면으로 끌고 와 크기를 조절하고 색깔을 바꾸는 등 다양하게 변형할 수 있습니다.

12 문자

원하는 문자열을 작업 평면의 도형으로 만들 수 있습니다.

13 scribble

손으로 자유롭게 도형을 그려 이를 작업 평면의 도형으로 만들 수 있습니다.

작업 평면에 도형을 가져왔습니다. 원하는 도형을 손가락으로 작업 평면까지 드래그하거나, 원하는 도형을 누르고 작업 평면을 한 번 더 누르면 해당 도형을 작업 평면 위로 가져올 수 있습니다.

각 기능을 설명하겠습니다.

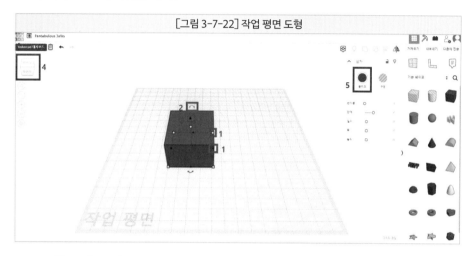

[그림 3-7-22] 작업 평면 도형

1 도형 크기 조절

해당 버튼 위에 손가락을 두고 상하좌우로 드래그하면 그만큼 크기가 커지고 작아집니다.

2 도형 회전

해당 버튼 위에 손가락을 두고 상하좌우로 드래그하면 도형이 회전합니다. x축, y축, z축 모두 회전할 수 있습니다.

3 도형 상하 이동

도형을 작업 평면 위, 아래로 이동시킬 수 있습니다. 위로 이동시키면 작업 평면 위 공중에 떠 있게 되고, 아래로 이동시키면 작업 평면을 뚫고 아래로 내려갈 수도 있습니다.

4 작업 평면 시점 이동

작업 평면은 손가락을 드래그해서 시점을 이동할 수 있습니다. 하지만 해당 모양을 누르면 내가 원하는 시점으로 한 번에 이동됩니다. 정면도, 평면도, 우측면도, 좌측면도, 배면도, 밑면도, 각 모서리, 각 꼭지점으로 한 번에 이동할 수 있습니다.

5 도형 색 변경

해당 버튼을 클릭하여 도형의 색을 변경할 수 있습니다.

우측에 '기본 쉐이프'를 클릭하면 원하는 카테고리의 개체를 선택할 수 있습니다. 즉 이미 만들어진 개체들을 활용해서 더 다양한 작품들을 만들 수 있습니다.

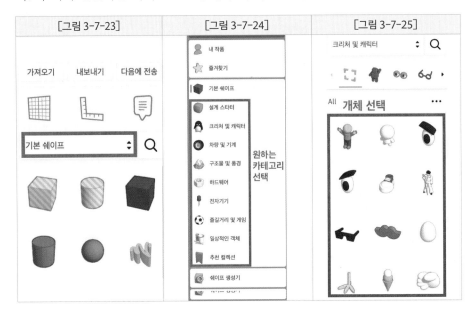

수업 사례①

관련 단원

초등 6학년 1학기 미술 1. 생각이 빛나는 미술 시간(천재교육(류재만) 기준)

관련 성취 기준

- [6미02-02] 다양한 발상 방법으로 아이디어를 발전시킬 수 있다.
- [6미02-03] 다양한 자료를 활용하여 아이디어와 관련된 표현 내용을 구체화
  할 수 있다.
- [6미02-05] 다양한 표현 방법의 특징과 과정을 탐색하여 활용할 수 있다.

1~2차시 수업 흐름

수업 단계	수업 내용 및 활동	시간
도입	- 보는 방향에 따라 다르게 표현한 작품을 본 경험 이야기하기	5'
전개	- 그룹화와 그룹 해제 기능 익히기	20'
	- 위, 앞, 옆 3차원으로 작품(이름표) 만들기	40'
정리	- 친구들의 작품을 감상하고 소감 나누기	15'

수업소개

그룹화와 그룹 해제를 학습합니다. 그룹화를 통해 두 개 이상의 도형이 합쳐진 새로운 도형을 만들 수 있습니다. 아울러 그룹 해제를 통해 그룹화된 도형을 다시 각각의 도형으로 되돌릴 수 있습니다.

[그림 3-7-26]과 같이 두 도형을 클릭합니다. 태블릿에서는 손가락으로 두 도형을 연속해서 탭하면 두 도형이 모두 클릭됩니다. 클릭된 도형은 도형에 파란색 테두리로 표시됩니다. 그 후 빨간 네모 안의 그룹화 버튼을 클릭합니다. 그러면 [그림 3-7-27]과 같이 도형이 합쳐져 하나의 도형이 되며, 색도 같아집니다. 다시 그룹 해제를 누르면 두 도형은 처음과 같이 두 도형으로 나눠집니다.

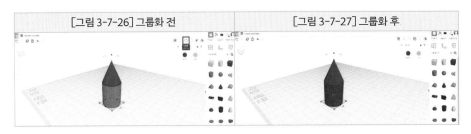

| [그림 3-7-26] 그룹화 전 | [그림 3-7-27] 그룹화 후 |

또한, 한 도형과 투명한 다른 도형을 그룹화하여 특정 부분이 잘려나간 도형도 만들 수 있습니다.

[그림 3-7-28]과 같이 두 도형을 겹치게 둔 후 잘라낼 도형을 클릭한 후 빨간 네모와 같이 '투명'을 클릭합니다. 그러면 [그림 3-7-29]와 같이 해당 도형이 투명하게 바뀐 것을 확인할 수 있습니다. 그 후 두 도형을 그룹화하면 [그림 3-7-30]과 같이 해당 부분이 잘린 도형이 완성됩니다.

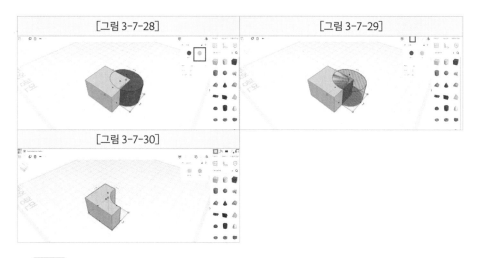

| [그림 3-7-28] | [그림 3-7-29] |

| [그림 3-7-30] |

✓Check 태블릿에서는 도형 여러 개를 클릭할 때, 각각의 도형을 클릭하면 도형 여러 개가 동시에 선택되어 그룹화할 수 있습니다. 컴퓨터에서는 드래그하여 범위를 지정하면 도형 여러 개를 동시에 선택할 수 있습니다.

그룹화를 활용하여 학생들이 자신의 음각 도장이나 이름표를 만들어 보는 수업을 할 수 있습니다.

두 도형을 그룹화하여 도장이 될 면과 꾸미는 모양을 만들고, 그 후 텍스트를 도장이 될 면에 겹쳐 투명 처리한 후 그룹화하여 해당 면을 잘라내는 과정입니다. 이렇게 하면 합치는 그룹화와 잘라내는 그룹화 모두를 활용할 수 있습니다. 이를 자세히 설명하면 다음과 같습니다.

[그림 3-7-31]과 같이 두 도형을 평면에 가져와 겹쳐 그룹화를 합니다. [그림 3-7-32]와 같이 그룹화가 되면, 오른쪽에 텍스트 쉐이프를 선택합니다.

| [그림 3-7-31] | [그림 3-7-32] |

[그림 3-7-33]과 같은 텍스트 쉐이프를 도장이 될 면에 겹쳐 줍니다. 해당 텍스트 쉐이프를 클릭하면 나오는 화면 오른쪽 메뉴의 문자 항목에서 원하는 대로 이름을 변경합니다. 그 후 [그림 3-7-34]와 같이 투명하게 바꿔줍니다.

[그림 3-7-33]	[그림 3-7-34]

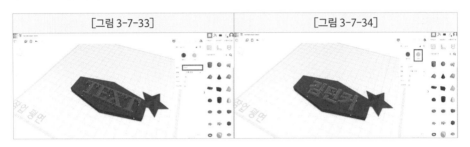

투명하게 바뀐 [그림 3-7-35]에 [그림 3-7-36]과 같이 텍스트 쉐이프와 도장면 쉐이프를 모두 클릭하여 그룹화해 줍니다.

[그림 3-7-35]	[그림 3-7-36]

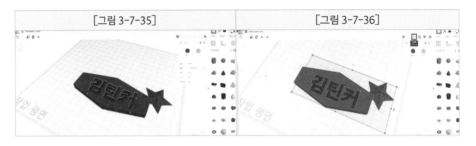

그러면 음각 도장, 혹은 이름표가 완성됩니다. 텍스트 쉐이프 대신 scribble 쉐이프를 사용하면 [그림 3-7-38]과 같이 손글씨를 이용하여 자신의 개성을 살린 도장도 만들 수 있습니다.

[그림 3-7-37]	[그림 3-7-38]

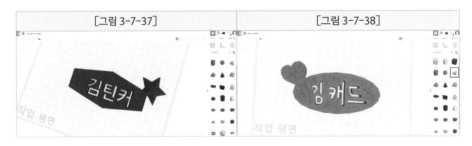

•수업 사례②

관련 단원

초등 6학년 2학기 미술 2. 눈이 머무는 미술 세계(천재교육(류재만) 기준)

관련 성취 기준

- [6미01-04] 이미지를 활용하여 자신의 느낌과 생각을 전달할 수 있다.
- [6미02-02] 다양한 발상 방법으로 아이디어를 발전시킬 수 있다.
- [6미02-03] 다양한 자료를 활용하여 아이디어와 관련된 표현 내용을 구체화할 수 있다.

1~2차시 수업 흐름

수업 단계	수업 내용 및 활동	시간
도입	- 유명한 건축물 살펴보기	5'
전개	- 다양한 건축물의 특징 알아보기	20'
	- 나만의 3D 기둥 건축물 만들기	40'
정리	- 친구들의 작품을 감상하고 소감 나누기	15'

수업 소개

정렬을 학습합니다. 선택된 2개 이상의 도형을 원하는 기준점을 축으로 정렬할 수 있습니다.

세 도형을 연속해서 탭하여 모두 선택합니다. 클릭되면 해당 도형에 파란 테두리가 뜹니다. 그 후 빨간 네모 안의 정렬 버튼을 클릭합니다. 그러면 [그림 3-7-40]과 같이 세 도형의 기준이 될 수 있는 곳에 원형의 까만 점들이 뜹니다. 원하는 점을 클릭하면 그 점을 기준으로 도형이 정렬됩니다.

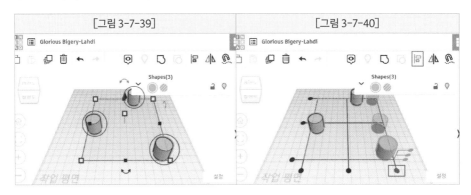

정렬되면 다음 그림과 같이 도형이 이동됩니다. 이 정렬 기능을 활용해 기둥을 활용한 건축물 만들기 수업을 할 수 있습니다.

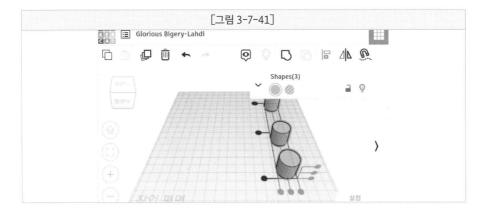

원 기둥 세 개를 가져와 [그림 3-7-42]의 정렬 버튼을 클릭해 줍니다. 나머지 부분도 이 기능을 활용하여 [그림 3-7-43]과 같이 정렬합니다.

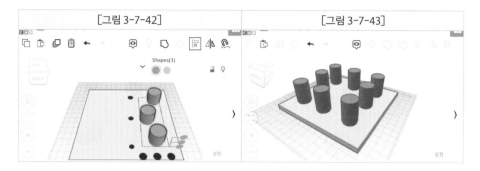

[그림 3-7-42]	[그림 3-7-43]

그런 다음 지붕 모양의 쉐이프를 가져와 기둥 위에 얹어 줍니다. 그러면 다음과 같이 가장 기본적인 기둥 건축물 모양이 완성됩니다.

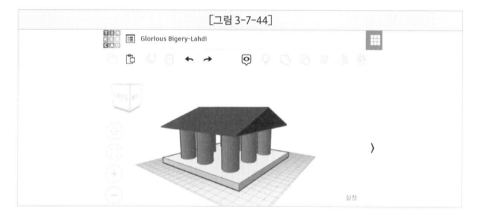

[그림 3-7-44]

건축물을 완성한 뒤, 우측에 [기본 쉐이프]를 눌러 [그림 3-7-45]처럼 다양한 개체들을 추가할 수 있습니다. [그림 3-7-46]은 '구조물 및 풍경'을 클릭한 경우 입니다. 기본 쉐이프를 이용해 건축물을 완성한 뒤 학생들에게 자율권을 주어 원하는 대로 꾸미게 하면 자신의 개성을 담은 창의적이고 다양한 작품이 많이 나옵니다.

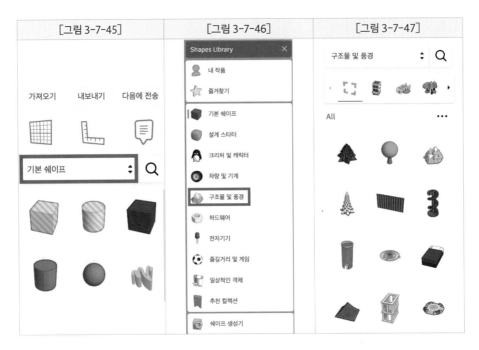

| [그림 3-7-45] | [그림 3-7-46] | [그림 3-7-47] |

교사가 제시한 기본 건축물 예제를 만든 다음, 시간이 충분히 남는 학생들은 자신만의 건축물을 만들어 보도록 합니다. [그림 3-7-48]은 예제를 완성한 작품이고, [그림 3-7-49~52]는 자신만의 개성적인 건축물을 만든 경우입니다. 다른 틴커캐드 수업의 경우도 마찬가지입니다. 교사가 제시한 예제를 빠르게 학습한 학생들에게는 남는 시간에 자신만의 작품을 만들도록 합니다. 혹은 예제에 따라 처음부터 교사가 제시한 예제를 변형시켜 창의적인 작품을 만들도록 안내할 수도 있습니다. 틴커캐드를 활용하면 그림 실력과 상관없이 다양한 발상으로 아이디어를 발전시켜 작품을 완성할 수 있습니다.

[그림 3-7-48~52] 나만의 건축물 만들기 작품 예시

●수업 사례③

초등 5학년 2학기 실과 4. 빠르고 안전하게! 나의 생활과 수송(천재교육(이춘식) 기준)

관련 성취 기준

• [6실04-05] 다양한 재료를 활용하여 수송 수단을 구상하고 제작한다.

1~2차시 수업 흐름

수업 단계	수업 내용 및 활동	시간
도입	- 수송 수단의 특징 퀴즈	10'
전개	- 미래의 수송 수단 브레인 스토밍하기	5'
	- 미래의 수송 수단 기획하기	10'
	- 나만의 미래 수송 수단 만들기	40'
정리	- 친구들의 작품을 감상하고 소감 나누기	15'

수업 소개

도형의 가져오기, 색깔 변경, 위치 및 크기 변경, 도형 합치기 및 빼기 등의 기본 기능을 학습한 뒤에는 학생들만의 창의적인 작품을 제작할 수 있습니다. 미래의 수송 수단 만들기 수업 외에도, 어느 차시든 학생들만의 작품을 만들 수 있습니다.

만약 '생활용품 만들기' 수업을 하는 경우, 컵, 책상 등 다양한 생활용품을 만들어 볼 수 있습니다. 학생들이 만들기 어려워하는 주제라면, 유튜브Youtube에 틴커캐드 주제를 검색해 보면 관련 예제가 매우 많습니다. 예를 들어 유튜브에 '틴커캐드 컵 만들기'라고 검색하면 많은 콘텐츠들이 나옵니다. 그 중 성취 기준에 부합하는 예제를 선택해서 학생들과 학습한 뒤, 컵의 모양이나 색깔, 무늬를 창의적으로 구성한 '나만의 컵 만들기' 활동으로 변형하여 학습할 수 있습니다. 즉, 기본 기능 학습 후에는 너무 어려운 주제가 아니라면 학생들 스스로 작품을 창의적으로 구상할 수 있습니다.

[그림 3-7-53~57] 미래의 수송 수단 작품 예시

✔Check 학생들과 예제를 학습할 때는 완성 작품을 따라 하라고 단순하게 제시하기보다 조금 변형하거나 다른 구조물들을 추가해 작품을 창의적으로 완성해 보라고 안내합니다.

* 틴커캐드 수업용 PPT 다운로드

추천하는 틴커캐드 수업 순서

1-2차시	- 틴커캐드와 친해지기(기본 쉐이프 추가하기, 색 바꾸기, 위치 및 크기 변경하기, 복사하기, 삭제하기) - [그림 3-7-23]처럼 다양한 카테고리의 개체를 추가하여 자유 작품 만들기
3-4차시	- 수업 사례 ①처럼 그룹화와 도형 깎기 기능을 배우며 이름표 만들기
5-6차시	- 수업 사례 ②처럼 정렬 기능을 배우며 건축물 만드는 법 배우기
그 이후 (다양한 수업이 가능한 시점)	- 기본 기능을 배웠으므로, 교과서 속 다양한 만들기 수업이 가능한 시점 - 수업 사례 ③처럼 각종 실과(기술) 교과의 만들기 차시나 미술 만들기 차시, 조형 원리 차시에 적용 가능

✓Check 틴커캐드는 패들렛이나 띵커벨에 작품을 업로드하지 않아도 다음 그림과 같이 교사 페이지에서 [디자인]을 클릭하면 학생들이 완성한 작품들을 살펴볼 수 있습니다.

[그림 3-7-58]   [그림 3-7-59]

if 틴커캐드로 더 다양한 수업을 하고 싶으면

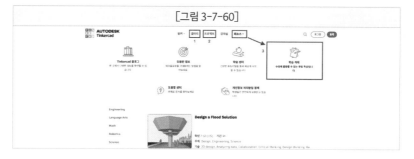

[그림 3-7-60]

[그림 3-7-60]처럼 틴커캐드 홈페이지에서 갤러리나 프로젝트, 혹은 리소스 내 학습 계획을 누르면 학생들과 디자인할 작품들이 매우 많습니다. 그중 학생 수준이나 교육 과정에 부합하는 예제를 선택해서 학생들과 도전할 수 있습니다.

8 실과

나의 생활 공간 만들기

: 룸플래너

실과나 가정은 실생활과 가장 맞닿아 있는 교과입니다. 실과나 가정 시간에 학생들은 의, 식, 주를 학습하게 되며, 그중 '주'와 관련된 학습을 많이 합니다. 하지만 글로만 배울 뿐 실제로 구현하기가 쉽지 않습니다.

태블릿으로 룸플래너 앱을 활용하면 '주'와 관련된 개념을 실제로 쉽게 구현할 수 있습니다. 룸플래너 앱은 집 인테리어를 도와 주는 앱으로, 기본 기능 몇 개만 익히면 실제와 비슷한 방을 2D와 3D 도면으로 만들 수 있습니다. 여러 가구들이나 벽, 바닥 디자인들은 디자이너와 개발자가 이미 만들어 두었고, 우리는 이미 만들어 놓은 것들을 조합하기만 하면 됩니다. 학생들은 이 앱을 통해 나만의 방을 꾸며 보고, 교과서에서 배운 '주'를 실제로 구현해 보는 과정을 통해 나의 생활 공간이나 나의 취향 등에 대해 깊게 생각해 봅니다.

[그림 3-8-1]

룸플래너: 집 인테리어 & 도면 디자인 3D

iCanDesign LLC

인앱 구매

기능 알아보기

룸플래너 앱을 열면 여러 방의 종류 중에서 선택할 수 있습니다. 나만의 방을 만들 예정이므로 [영유아 및 아동 방 추가]를 클릭하고, [빈 방에서 시작]을 클릭합니다. 만약 유료 결제 화면이 나오면 우측 상단 ×를 눌러 취소할 수 있습니다. 무료 요금제에서는 방 10개까지 꾸밀 수 있습니다.

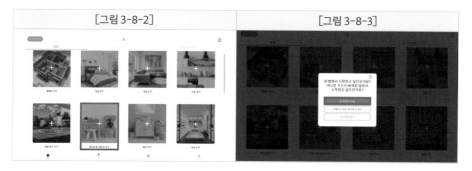

[그림 3-8-4]처럼 방 형태를 선택할 수 있습니다. 가장 기본인 직사각형 형태를 선택하겠습니다. 어떠한 형태를 선택해도 일부 수정이 가능하기 때문에 자신이 원하는 방 형태를 선택합니다.

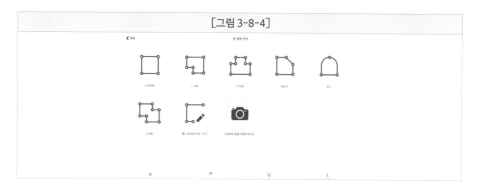

방 형태를 선택하면 [그림 3-8-5]와 같은 화면이 나옵니다. 기본 설정을 알아보도록 하겠습니다.

[그림 3-8-5]

1 [그림 3-8-6]처럼 방을 3D로 볼 수 있습니다.

2 [벽 그리기]를 클릭하고 드래그하면 벽을 추가할 수 있습니다.

3 [방 사이즈 설정]은 정확한 방 사이즈를 설정하기 위한 기능으로 유료 요금제에서 가능한 기능입니다. 무료 요금제에서도 방 사이즈를 변경하거나 문의 위치를 변경할 수 있습니다. 현재 [그림 3-8-5]는 방 사이즈가 변경 상태로, 방 도면 끝의 동그라미를 드래그하여 방 사이즈와 모양을 변경할 수 있고, 드래그하여 문의 위치도 변경할 수 있습니다.

4 문 등의 가구를 추가할 수 있습니다.

5 이전 상태로 되돌릴 수 있습니다.

6 현재의 2D 도면을 이미지로 저장할 수 있습니다.

> ✓Check 비현실적인 방의 모양(벽 여러 개를 활용한 미로 방, 세로는 매우 좁고 가로로 매우 긴 방 등)은 지양하라고 지도합니다.

[그림 3-8-5]에서 [3D 도면 열기]를 클릭하면 [그림 3-8-6] 화면이 나옵니다. 우측 하단에 [가구 추가]를 클릭하면 [그림 3-8-7]처럼 원하는 가구를 추가할 수 있습니다.

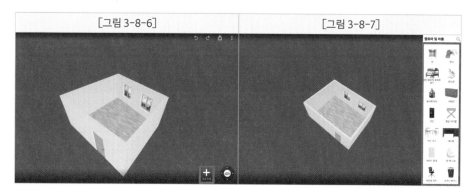

[그림 3-8-7]에서 [아동용 의자]를 클릭하면 [그림 3-8-8] 화면이 나옵니다. 원하는 의자를 클릭하면 [그림 3-8-9]처럼 의자가 추가됩니다. 의자를 드래그하여 위치를 변경할 수도 있고, 의자를 클릭해 사이즈 변경, 회전, 삭제 등을 할 수 있습니다. 다른 가구도 마찬가지로 추가하여 위치를 변경하고 사이즈를 변경할 수 있습니다.

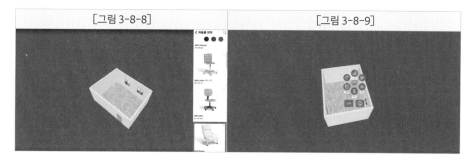

벽을 클릭하고 [색]을 클릭하면 [그림 3-8-11]처럼 특정 벽의 재질이나 색을 변경할 수 있습니다. 마찬가지로 다른 벽의 재질 및 색도 변경할 수 있으며, 바닥도 클릭하면 벽처럼 속성을 변경할 수 있습니다. [그림 3-8-10] 좌측 하단의 [2D 도면 열기]를 클릭하겠습니다.

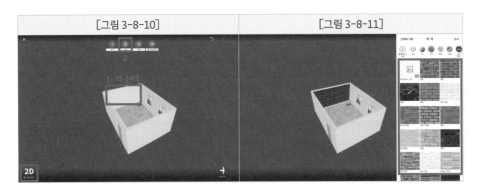

| [그림 3-8-10] | [그림 3-8-11] |

2D 도면에서 가구를 클릭하면 가구의 이동이나 사이즈 변경, 회전에 더 편리합니다. 우측 하단의 [벽 편집]을 누르면 [그림 3-8-5]처럼 벽을 추가하거나 방 사이즈를 변경할 수 있습니다. 다시 3D 도면으로 돌아가려면 좌측 하단 [3D 도면 열기]를 클릭하면 됩니다.

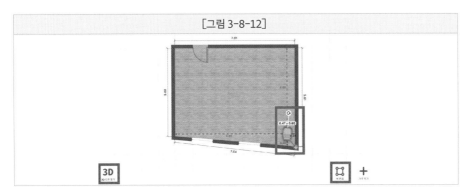

[그림 3-8-12]

[그림 3-8-13]처럼 창문을 선택하여 다른 창문으로 변경하거나 커튼을 달 수도 있고, 사이즈를 변경 및 삭제도 가능합니다. [그림 3-8-14]는 우측 하단의 [가구 추가]를 눌러 스크롤을 내린 상태로 [갤러리에서 선택]을 누르면 갤러리에 저장한 이미지를 추가할 수 있습니다. 예를 들어, 자신이 만든 미술 작품이나 좋아하는 연예인 사진을 추가할 수 있습니다.

✓Check 가구 위치 변경은 2D에서 하는 게 편리합니다.

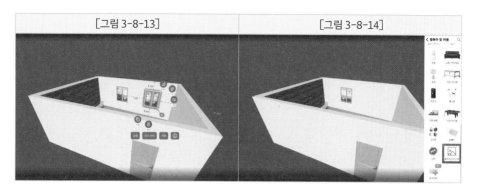

[그림 3-8-13]	[그림 3-8-14]

[그림 3-8-15]는 창문을 제거하고 silk 앱으로 만든 미술 작품을 추가하였습니다. 캡처 후 띵커벨 보드, 패들렛 등에 업로드하면 '나만의 방 전시회'를 열 수 있습니다.

[그림 3-8-15]

수업 사례

관련 단원

초등 5학년 1학기 3. 쾌적한 생활 공간 관리

관련 성취 기준

• [6실03-04] 쾌적한 생활 공간 관리의 필요성을 환경과 관련지어 이해하고, 올바른 관리 방법을 계획하여 실천한다.

1차시 수업 흐름

수업 단계	수업 내용 및 활동	시간
도입	- 방 청소를 했거나 방 소품을 샀던 경험 이야기하기	5'
전개	- 생활 공간 관리 방법 알아보기	10'
	- 쾌적한 생활 공간 관리와 환경과의 관계 알아보기	10'
	- 쾌적한 생활 공간 예시 살펴보기	10'
정리	- 학습 정리	5'

2차시 수업 흐름

수업 단계	수업 내용 및 활동	시간
도입	- 룸플래너 앱 소개	5'
전개	- 방 추가하고 방 형태 변형하기	10'
	- 다양한 가구 알아보고 가구 추가하기	10'
	- 벽, 창문, 바닥 소재 알아보기	10'
정리	- 방을 꾸밀 때 유의할 점 안내	5'

3, 4차시 수업 흐름

수업 단계	수업 내용 및 활동	시간
도입	- 주요 기능 돌아보기	5'
전개	- 나만의 쾌적한 생활 공간 꾸미기	60'
	- 생활 공간 꾸민 것 업로드하기	5'
정리	- 나만의 쾌적한 생활 공간 전시회	10'

수업 소개

1차시에는 교과서를 통해 '쾌적한 생활 공간'에 대해 학습합니다. 태블릿을 사용하면 쾌적한 생활 공간의 중요성과 예시에 대해 학습하는 것으로 끝나는 것이 아니라 2차시부터 룸플래너를 통해 이를 구현해 볼 수 있습니다. 학생들은 가구가 지나치게 많아도 공간이 쾌적해 보이지 않음을 학습하였고, 여러 방 예시를 통해 자기만의 스타일에 대해 생각해 봅니다. 이렇게 생각해 본 것들을 룸플래너로 구현할 수 있습니다. 2차시에는 룸플래너의 기능에 대해 영상을 보고 기본 기능을 배우거나, 교사가 미러링해 룸플래너의 기본 기능을 알려 줍니다. 3차시 4차시에는 룸플래너를 활용해 나만의 쾌적한 생활 공간을 꾸미고, 패들렛이나 띵커벨 등에 업로드해서 다른 학생들의 작품도 구경합니다.

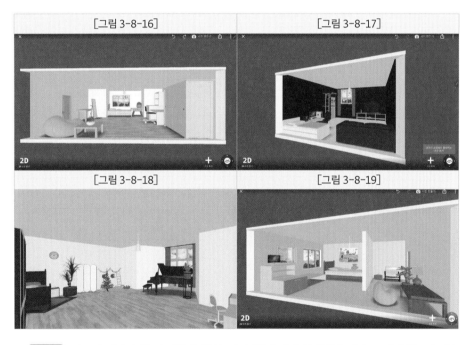

[그림 3-8-16]   [그림 3-8-17]

[그림 3-8-18]   [그림 3-8-19]

✓Check 반드시 있어야 할 가구(침대, 책상, 의자 등)에 대해 안내해 줍니다. 그렇지 않으면 필수 가구는 없는데 당구대 등 학생들이 좋아하는 것만 가득찬 방으로 꾸밀 수 있습니다. 또한, 재미있는 것들이 많으면 과유불급이라는 것을 안내합니다.

● 토막 꿀팁

원하는 앱을 발견했을 때 해당 앱을 개발한 기업이나 개발자가 비슷한 앱을 여러 개 만들었을 가능성이 큽니다. [그림 3-8-20]과 같이 개발자를 클릭하면 [그림 3-8-21]처럼 개발자가 배포한 앱들이 나옵니다. 해당 앱들은 선생님께서 이미 만족하신 앱과 퀄리티와 유형이 유사하기 때문에 수업 시간에 사용할 만한 앱들을 발견할 가능성이 큽니다.

[그림 3-8-20]	[그림 3-8-21]

4장

태블릿 활용
교실놀이

태블릿은 공부에도 활용할 수 있지만 그 자체로 즐거운 놀이 도구가 될 수 있습니다.

태블릿 게임은 잘못 활용하면 독이 되지만, 어디서 누구와 어떤 콘텐츠의 게임을

즐기는지에 따라 분위기를 환기하는 데 큰 도움이 되기도 합니다.

혼자 집에서 즐기는 태블릿 게임보다 교실에서 친구들과 그림을 그리며

교실 놀이를 함께 즐기면 어떨까요?

2교시 뚝딱!
릴레이 그림 게임
: 갈틱폰

반 학생들이 다 함께 할 수 있는 태블릿을 활용한 교실 놀이 갈틱폰을 알아보도록 하겠습니다. 갈틱폰은 릴레이로 그림을 그리며 소통하는 놀이입니다. 게임 규칙이 어렵지 않고 소외되는 학생 없이 모두가 즐겁게 참여할 수 있어 학생들이 가장 좋아하는 놀이로, 한 판을 하는데 시간이 꽤 소요되어 주의 사항 안내 후 게임을 2~3판 하면 2교시 정도 소요됩니다. 1교시 내에 끝내고 싶으시면 방을 여러 개 만들고 게임 판 수를 줄이면 됩니다. 자유 시간에 하고 싶은 활동으로 피구, 축구를 이긴 유일한 놀이인 갈틱폰을 지금부터 알아보겠습니다.

✓Check 갈틱폰은 일부 시·도 교육청에서 비업무용 차단 대상으로 분류하여 접속이 어려운 경우가 있습니다. 이럴 경우에는 스마트폰의 모바일 핫스팟을 켜서 네트워크에 접속하거나 접속 차단된 페이지에 안내된 내용대로 접속 허용 신청서를 제출하는 방법 등으로 해결할 수 있습니다.

●셋팅하기

포털 사이트에 '갈틱폰'을 검색하여 페이지에 들어갈 수 있으며, 닉네임 설정 후 [시작]을 클릭하면 방장이 됩니다.

| [그림 4-1-1] | [그림 4-1-2] |

1 플레이어 수를 선택합니다. 최소 4명에서 30명까지 가능합니다. 한 방당 최소 4명의 학생들이 필요하며, 인원이 너무 적으면 게임이 금방 끝나 재미가 없고 인원이 너무 많으면 한 게임이 너무 오래 걸립니다. 따라서 방 하나당 8~10명 정도로 나누는 것이 좋습니다.

2 초대를 클릭하면 방으로 들어올 수 있는 초대 링크가 복사됩니다. 방별로 대표 학생을 지정하면 편리합니다. 예를 들어 반 학생이 28명인 경우 10명, 9명, 9명으로 방을 나누고 각 방별로 방장을 할 대표 학생을 지정합니다. 대표 학생은 [그림 4-1-2], [그림 4-1-3]처럼 방을 만들고 초대 링크를 복사해 [그림 4-1-4]처럼 띵커벨 보드 등의 소통형 도구에 링크를 업로드합니다. 같은 방인 학생들은 소통형 도구의 링크를 보고 자신의 방장이 업로드한 링크를 클릭해 방으로 들어가도록 합니다.

[그림 4-1-3]

[그림 4-1-4]

김갈틱	⋮	신놀이	⋮
(2023.06.17 pm03:08)		(2023.06.17 pm03:09)	
1-9번		**9-18번**	
https://garticphone.com/ko/?c=0320fd6		https://garticphone.com/ko/?c=03216ca3df	

혹은 교사가 브라우저별로 나누어 구글 크롬으로 방 하나, 마이크로소프트 에지로 방 하나, 네이버 웨일로 방 하나를 만들어서 소통형 도구에 업로드하여 교사가 방장인 방을 두 세 개 만들 수도 있습니다. 이는 각 브라우저마다 연결이 되지 않아서 가능하고 교사가 게임에서 문제 행동을 선별할 수 있다는 점은 장점이지만, 두세 개의 게임을 동시에 참여해야 하므로 정신이 없습니다.

따라서 대표 학생들에게 방을 만들도록 하고 소통형 도구에 링크를 업로드하는 방법을 추천드리며, 문제 행동을 하지 않는지 순회 지도하며 관리할 수 있습니다.

✓Check 대표 학생은 방에 들어올 학생들이 모두 들어왔는지 확인 후 [시작]을 클릭하도록 합니다.

●일반 모드

갈틱폰은 다양한 모드를 제공합니다. 그중 가장 기본이 되는 일반 모드에 대해 알아보겠습니다.

[그림 4-1-5]

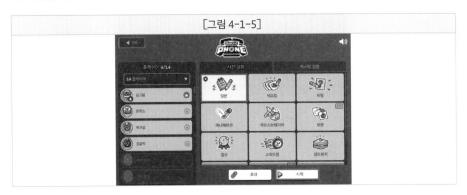

일반 모드의 경우 기본적으로 제시된 문장에 맞게 그림을 그리고, 그 이후 다음 사람이 그 그림이 무엇을 의미하는지 유추하여 문장을 쓰면, 또 다음 사람이 그 문장을 보고 그림을 그리는 것을 릴레이로 반복하는 놀이입니다.

1. 게임을 시작하면 기본적으로 각 플레이어가 모두가 모드에 따라 자신만의 개성 있는 첫 문장으로 시작합니다.

놀이동산에 있는 해파리

2. 턴이 넘어가면 '놀이동산에 있는 해파리'라는 문장을 보고, 이 문장을 설명할 수 있는 그림을 그립니다.

[그림 4-1-6]

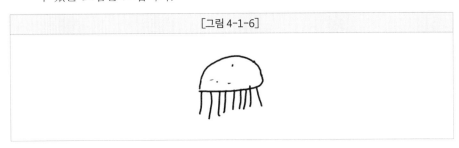

3. 다음 사람은 2번의 그림만을 보고 답을 유추하여 작성합니다.

오징어 같은 문어

4. 다음 사람은 3번의 문장만을 보고 그림을 그립니다.

[그림 4-1-7]

5. 다음 사람은 4번의 그림만을 보고 답을 유추하여 작성합니다.

땅을 걷는 오징어

6. 다음 사람은 5번의 문장만을 보고 그림을 그립니다.

[그림 4-1-8]

7. 다음 사람은 6번의 그림만을 보고 답을 유추하여 작성합니다.

땅에서 광합성하는 말린 오징어

이런 식으로 매 턴마다 다른 사람의 이전 결과물을 보고 이어가는 방식입니다. 참여 인원이 10명이면, 10명이 모두 다른 그림이나 문장을 쓰고 있으므로, 10개의 라운드가 동시에 진행됩니다. 각 참여자들은 매번 새로운 문장이나 그림을 받아서, 그에 맞게 그림을 그리거나 문장을 유추합니다.

갈틱폰 화면에서 자세히 살펴보겠습니다. [그림 4-1-9]는 [그림 4-1-5]에서 일반모드로 게임을 시작했을 때 첫 화면입니다.

1 4번의 턴 중 첫 번째 턴이라는 뜻입니다. 현재 4명이 참석했으므로 총 4번의 턴이 진행됩니다.

2 해당 턴에서 4명 중 3명이 완료했다는 뜻입니다.

3 해당 턴에서 남은 시간입니다.

4 일반 모드에서는 첫 번째 턴에 문제를 냅니다. 원하는 문장이나 어구를 쓴 뒤 [완료]를 누릅니다. 모든 참여자가 완료를 누르거나 제한 시간이 다 되면 다음 턴으로 넘어 갑니다. 다음 턴에서는 자신에게 제시된(즉, 이전 턴에서 다른 참여자가 쓴) 문장이나 어구를 보고 다음 사람이 그림을 그립니다. 다음 사람은 '볼링하는 아기곰'을 제시받게 됩니다.

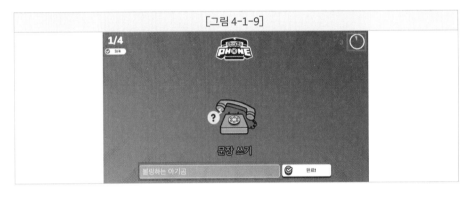

[그림 4-1-9]

[그림 4-1-10]은 2번째 턴으로, 다른 사람이 이전에 낸 문제를 보고 그림을 맞추는 라운드입니다. 내가 첫 번째 턴에 사용했던 '볼링하는 아기곰'은 다른 참여자에게 제시되어 그 참여자가 그림을 그립니다. 이처럼 각 참여자는 자신이 제시받은 문장을 그립니다.

[그림 4-1-10]

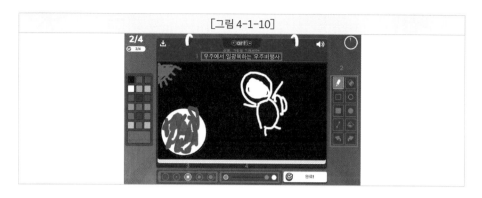

1 이전 사람이 낸 문제입니다. '우주에서 일광욕하는 우주비행사'를 그려야 합니다.

2 그림 그리기 도구입니다. 펜, 지우개, 도형 그리기, 되돌리기 등이 가능합니다.

3 펜의 굵기를 설정합니다.

4 펜의 투명도를 설정합니다.

3번째 턴에서는 다른 사람이 [그림 4-1-10]을 보고 무엇을 설명하는 그림인지 글로 쓰게 됩니다. 그 다음인 4번째 턴에서는 글을 보고 다시 그림으로 묘사합니다. 즉, 일반 모드는 서로 다른 사람이 글-그림-글-그림-글을 맞추고 그리는 구조의 게임입니다. 게임이 끝난 결과는 다음과 같습니다.

'볼링하는 아기곰'을 묘사하는 그림을 다음 사람이 그렸으며, 그 그림을 보고 다음 사람은 '공놀이하는 강아지'라고 유추했습니다. 그 다음 사람은 [그림 4-1-11]처럼 '공놀이하는 강아지'를 보고 이를 묘사하는 그림을 그렸습니다. 즉, 글-그림-글-그림이 릴레이로 이어지는 구조입니다. 학생들은 전혀 다르게 생각하고 묘사한 글과 그림을 보면서 즐거워하고, 비슷하게 묘사한 글과 그림을 보면 뿌듯해 합니다.

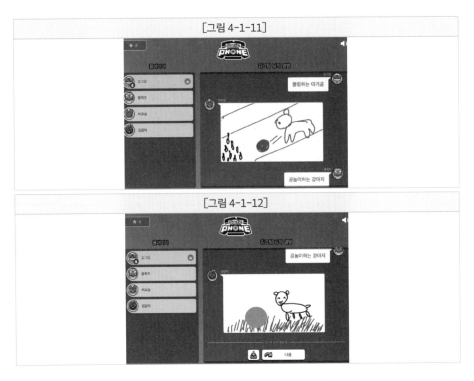

[그림 4-1-11]

[그림 4-1-12]

한 세트의 글-그림 구조만 보고 끝나는 것이 아니라, 게임에 이러한 '글-그림' 릴레이 세트가 참여 인원 수만큼 나와 더욱 재밌습니다. 앞서 나온 그림과 같이 4명이 참여한 경우 김그림 학생이 시작한 세트, 윤퀴즈가 시작한 세트, 허교실이 시작한 세트, 김갈틱이 시작한 세트, 총 4세트가 나옵니다.

✓Check 유사한 보드게임으로 텔레스트레이션이 있습니다.

● 애니메이션 모드

일반 모드가 익숙해졌다면 애니메이션 모드도 재미있게 할 수 있습니다. 애니메이션 모드는 처음 사람이 그린 애니메이션을 다른 사람들이 이어서 완성하는 모드로, 1개의 애니메이션을 참여한 인원 수만큼 이어 그려 하나의 애니메이션을 완성시킵니다. 또한 일반 모드처럼 4명이 게임에 참여하면 4개의 애니메이션 세트, 10명이 참여하면 10개의 애니메이션 세트가 완성됩니다.

[그림 4-1-13]

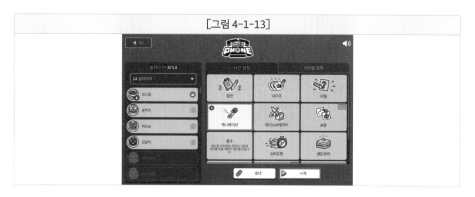

첫 라운드에서는 애니메이션의 첫 장면을 만들게 됩니다. 첫 장면을 첫 번째 사람이 그리게 되고, 두 번째 장면을 두 번째 사람이 이어서 그리게 되는 구조입니다.

[그림 4-1-14]

이전 사람이 그린 장면이 [그림 4-1-15]처럼 뒤쪽에 흐릿하게 나와 다음 사람이 이어서 그릴 때 참고할 수 있습니다. 예를 들어 [그림 4-1-12]의 경우 선물이 있던 자리에 선물을 개봉한 모습을 그렸습니다.

[그림 4-1-15]

마지막 턴까지 끝나면, 이어 그려 완성된 애니메이션을 확인할 수 있습니다. 예상치 못한 전개로 애니메이션이 흘러가는 모습을 보면서 학생들은 즐거워합니다.

| [그림 4-1-16] | [그림 4-1-17] | [그림 4-1-18] |

애니메이션이 완성되면 연속된 장면으로도 볼 수 있습니다.

[그림 4-1-19]

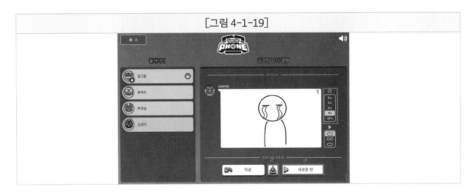

1 애니메이션 장면 전환 속도를 설정합니다.

2 gif 형태로 다운로드받을 수도 있습니다.

3 방장이 [새로운 턴]을 클릭하면 방이 폭파되지 않고, 인원 그대로 다음 게임을 이어서할 수 있습니다.

✓ Check 다음 게임을 바로 이어서 할 경우, 페이지에서 나가지 않은 상태에서 [새로운 턴]을 클릭해야 합니다.

✓ Check 글로 보기엔 복잡해 보이지만, 막상 직접 실행해 보면 안내가 직관적으로 잘 되어 누구나 쉽고 재미있게 즐길 수 있습니다. 아이들과 하기 전에 미리 해보면 좋겠지만, 최소 4명 이상이 되어야 하므로 미리 시도해 보기 쉽지 않습니다. 저도 아이들에게 "선생님도 소개를 받아서 처음 해보는데, 너희들과 함께 하면 재미있을 것 같구나."라며 솔직하게 이야기하고 시작했습니다. 약간의 시행착오는 있겠으나, 아이들 모두 금방 이해하고 게임을 즐겼습니다. 또한, 종종 갈틱폰을 해본 아이들도 있어 그 친구들의 팁을 얻을 수도 있습니다.

● 주의사항

주의사항을 교육하지 않고 바로 갈틱폰 활동을 하게 되면 갈틱폰 활동이 유해한 콘텐츠(잔인한 것 등)로 흘려갈 수 있으며, 학생들이 서로를 비난할 수 있습니다. 따라서 반드시 다음 주의 사항을 교육하도록 합니다.

- 잔인한 것, 청소년 관람불가 내용을 절대 그리거나 쓰지 않습니다.
- 청소년 관람불가 애니메이션도 그리지 않습니다.(귀멸의 칼날, 원펀맨, 진격의 거인 등)
- 일부러 늦게 완료 버튼을 누르지 않습니다. 친구들이 기다립니다.
- 다 그렸으면 친구들에게 빨리 그리라고 재촉하지 않고, 내가 그린 그림을 더욱 보충하여 친구들이 잘 이어 그리거나 잘 맞추도록 합니다.
- 이전 내용과 완전 상관없는 것을 그리거나 쓰지 않습니다.
- 그림을 그릴 때는 정성껏 그립니다. 정성껏 해야 가장 재미있습니다.
- 친구를 비난하지 않습니다.

5장

다 한 학생 기다리기

수업 중에는 성취도가 다른 여러 학생이 한 교실에서 수업을 받습니다.

때문에 과제를 수행하는 시간도 학생마다 천차만별이지요.

태블릿 활용 수업도 마찬가지입니다. 과제를 일찍 마친 친구들은 무엇을 할까요?

옆 친구는 태블릿으로 과제를 하는데 내 앞의 종이책이 눈에 들어올까요?

그렇다고 게임을 시켜줄 수도 없고, 자유 시간을 마냥 주기도 애매합니다.

이번 장에서는 기다리는 시간이 다채로워지는 태블릿 활용 방법을 알아봅시다.

❶ **배운 앱/웹 활용하기:** 실감형 콘텐츠 & 미술 앱들

❷ **새로운 앱/웹 활용하기:** Pocket World 3D & Rodocodo

배운 앱/웹 활용하기

: 실감형 콘텐츠 & 미술 앱들

태블릿 활용 글쓰기나 토의·토론 수업의 경우 본인이 글을 다 썼더라도 고쳐 쓰기, 친구의 글 읽기 등 추가 과제가 많기 때문에 다 한 학생이 많이 생기지 않습니다. 그러나 앞서 소개해 드린 크롬 뮤직랩 송 메이커나 미술 앱들, 틴커캐드와 이후 소개해 드릴 프로젝트 결과물 수업들은 학생별 과제 완료 속도에 차이가 나는 편입니다. 본인 활동이 다 끝나면 학생들은 늘 질문합니다. "선생님 저 다 했어요. 이제 뭐 해요?". 이러한 경우 친구를 도와주거나 책을 읽으라고 하는 경우가 대부분입니다. 친구들을 도와 주는 경우 사실 도움이 필요한 것은 몇 개 없는데, '도와 준다'는 명분 아래 아직 활동을 못 끝낸 친구 옆에서 수다를 떨어 활동 시간을 지체시키기도 합니다. 이를 방지하기 위해 책을 읽다가 친구가 질문하기까지 기다리라고 해야 하지만, 옆에서 태블릿으로 재밌게 활동하는 친구를 책을 읽으며 기다리는 것도 쉬운 일은 아닙니다.

그래서 저는 남는 시간에 다양한 선택권을 주는 편입니다. 숙제를 못 끝낸 경우 숙제를 해도 되고, 책을 읽고 싶으면 책을 읽어도 되고, 둘 다 없는 경우 '태블릿 활용 추가 과제'를 내줍니다. 태블릿 활용 추가 과제는 사실 3장에서 지금까지 다루었던 내용이 대부분입니다. 지금부터 앞에서 배운 앱들을 제대로 활용해 보도록 하겠습니다.

● 실감형 콘텐츠

앞서 3~4장에서 다루었던 실감형 콘텐츠를 사회, 과학 앱들 위주로 소개해 드렸습니다. 그런데 실감형 콘텐츠에서 교과가 아니라 비교과를 선택하면 진로, 안전, 국립 공원 360도 관람 등 교육적인 57개의 콘텐츠가 있습니다. 남은 시간에 실감형 콘텐츠 비교과앱을 체험할 수 있도록 하면 재미와 교육, 다 한 학생 기다리기가 모두 가능합니다.

[그림 5-1-1]	[그림 5-1-2]

실감형 콘텐츠 비교과 목록

구분	콘텐츠명	유형	구분	콘텐츠명	유형
진로	AI 컨설턴트	VR	안전	과학실 안전사고	VR
	우주 공장 관리자	VR		운동장 안전사고	VR
	바이오 장기 3D 프린팅 전문가	VR		물놀이 안전사고	VR
	우주 통신 공학자	VR		다중 이용 시설 비상 대피	VR
	웨어러블 디바이스 디자이너	VR		선박 비상 탈출	VR
	지능형 교통 설계자	VR		자전거 안전사고	VR
	미래 요리 셰프	VR		버스 안전사고	VR
	라이프케어 매니저	VR		카페인 알아보기	VR
	제로 에너지 하우스 디자이너	VR		지진 비상 대피	VR
	플라잉카 교통 시스템 디자이너	VR		미세 먼지 대응하기	VR
	원격 의료 전문의	VR	국립공원	설악산 국립공원 천상의 화원 곰배령	360
	우주 자원 분석가	VR		설악산 국립공원 대청봉	360
	소형 원자로 개발자	VR		설악산 국립공원 비룡폭포 / 천불동 계곡	360
	감염병 대응 전문가	VR		설악산 국립공원 소공원 / 울산바위	360
	수소 에너지 전문가	VR		소백산 국립공원 비로봉	360
	가상 세계 디자이너	VR		소백산 국립공원 연화봉	360
	날씨 조절 관리자	VR		소백산 국립공원 국망봉	360
	홀로그램 데이터 분석가	VR		소백산 국립공원 희방폭포	360
	우주 여행 코디네이터	VR		소백산 국립공 천왕봉	360
	블록체인 보안 요원	VR		소백산 국립공원 노고단	360
	스마트 재난 대응 전문가	VR		소백산 국립공원 바래봉	360
	무인 택배 디렉터	VR		소백산 국립공원 뱀사골	360
	퍼스널 브랜드 매니저	VR		덕유산 국립공원 향적봉	360
	돌봄 로봇 컨설턴트	VR		변산반도 국립공원 우금암	360
독도	독도 강치의 멸종 과정	VR		무등산 국립공원 입석대 / 서석대 / 광석대	360
	독도를 지킨 안용복	VR		북한산 국립공원 선인봉	360
미술	겸재 정선과 고흐의 VR 여행	VR		계룡산 국립공원 관음봉	360
	옛 그림 보여 주는 고양이	VR	무형문화유산	봉산 탈춤 -사자춤-	360
	VR 소리 미술관	VR			

* 자료 출처: https://dtbook.edunet.net/viewCntl/ARMaker?in_div=nedu&pg=listFive

> ✓Check VR의 경우 음성 안내가 있는 콘텐츠가 많습니다. 학생들이 사용 중인 이어폰을 가져오게 하거나 저렴한 이어폰을 미리 품의해 두면 좋습니다. 학교에서 이어폰을 관리하는 경우 지퍼백에 출석 번호를 라벨링해서 관리하면 편합니다.

미술 앱들과 룸플래너

3장에서는 일회성 앱이 아닌 수업에 정말 자주 쓸 수 있는 앱, 선생님 수업의 루틴이 될 수 있는 앱들 위주로 소개해 드렸습니다. 그런데 미술 교과에서 안내드린 [그림 5-1-3]에서 [그림 5-1-7]은 틴커캐드를 제외하고는 수업 한 번 후엔 다시 쓰기 어려운 일회성 앱들이었습니다. 그럼에도 불구하고 소개해 드린 이유가 있습니다. 이러한 앱들은 과제를 다 한 학생들에게 추가 과제로 내주기에 적합합니다. 즉, 학생별 과제 완료 속도 차이가 날 때 사용하면 유용합니다. 특히 8bit 화가나 Silk Art Portrait, Zen Brush의 경우 수업 시간에 다루지 않았어도 바로 사용이 가능하며, 만약 수업 시간에 다루어 봤더라면 사용 경험이 있기 때문에 이전 수업 작품보다 더 좋은 작품들이 많이 나옵니다. 이 중에서도 학생들은 8bit 화가, Silk Art Portrait, 룸플래너를 가장 좋아하는 편입니다.

[그림 5-1-3]	[그림 5-1-4]	[그림 5-1-5]
8bit 화가 (8bit Painter) OneTap Japan 광고 포함 · 인앱 구매	Silk Art Portrait TNATUREII 광고 포함	**Zen Brush** PSOFT MOBILE 광고 포함 · 인앱 구매

[그림 5-1-6]	[그림 5-1-7]	
Tinkercad Tinkercad	**룸플래너: 집 인테리어 & 도면 디자인 3D** iCanDesign LLC 인앱 구매	

✓Check 교사가 '오늘 과제를 다 한 학생이 쓸 수 있는 앱은 A, B다' 라고 명확히 정해줄 수도 있고, 배웠던 앱 A, B, C, D 중 선택해서 시간을 보내도 된다고 할 수도 있습니다. 선호하는 방법으로 지도하시면 됩니다.

새로운 앱/웹 활용하기

: Pocket World 3D & Rodocodo

3장에서 배웠던 앱 외에도 과제를 다 한 학생이 다른 친구들을 기다리며 교육적으로 해볼 수 있는 앱 2가지를 알아보겠습니다.

Pocket World 3D

Pocket World 3D는 세계의 다양한 건축물을 조립하고 나라별 분위기를 체험할 수 있는 앱입니다. [그림 5-2-2]는 네덜란드 풍차를 조립하는 과정이며, 드래그하여 조립할 수 있습니다. 네덜란드 외에도 다양한 도시의 건축물을 만들면서 각 나라별 분위기나 유명한 랜드마크 등을 학습할 수 있는 감성적인 디자인의 앱입니다. 또한, 단계별로 도시를 클리어해야 하므로 성취감도 있는 편입니다. 게임이긴

하지만 유해한 콘텐츠가 없고, 각 나라의 분위기를 느낄 수 있으며, 과제를 다 한 학생이 다른 친구들을 기다리기에 유용합니다.

Rodocodo는 어린이를 위한 코딩 게임으로 사용 방법이 직관적이어서 학생들이 코딩을 쉽게 배울 수 있습니다. 또한, 게임을 종료해도 다음 시간에 게임을 이어서 할 수 있습니다. Rodocodo은 단순한 명령어부터 시작하여 다음 단계로 갈수록 점점 어려운 과제들이 나옵니다. 그리고 특정 단계에서 어려운 경우 좌측에 [▶] 모양인 실행 버튼을 누르면 프로그래밍한대로 캐릭터의 진행 과정이 보입니다. 따라서 이를 참고하여 틀린 코딩 부분을 수정(디버깅)할 수 있습니다.

Rodocodo

[그림 5-2-4]

✔Check 다 한 학생들에게 추가 과제를 부여하기 전에 Pocket World 3D와 Rodocodo의 간단한 사용 방법을 안내해 주면 학생들이 초기에 덜 헤맵니다.

6장

형성 평가의 혁신,
태블릿

태블릿은 수업을 돕는 도구일 뿐 아니라 평가에서도 유용하게 쓰입니다.

기존의 지루하고 엄숙한 평가에서 벗어나 태블릿을 활용하면,

학생들은 평가를 재미있다고 느끼기도 합니다. 게다가 자동 채점이 되기 때문에

'채점 노동'을 할 필요도 없습니다.

또한, 학생들이 질문하지 않아도 부족한 부분을 면밀히 파악할 수 있어서

차시 수업 준비나 보충할 부분을 파악하는 데 용이합니다.

❶ **흥미진진한 실시간 퀴즈:** 띵커벨 퀴즈

❷ **채점 노동에서 벗어나자:** 띵커벨 워크시트

❸ **게임으로 즐겁게 형성 평가하기:** 미래엔 AI CLASS 퀴즈온

1

흥미진진한 실시간 퀴즈

: 띵커벨 퀴즈

학습을 한 후 학습 내용을 얼마나 익혔는지 성취 정도를 확인하는 과정은 매우 중요합니다. 교사는 이를 바탕으로 그 다음 수업을 계획할 수 있고, 학습 목표에 도달했는지 확인할 수 있습니다. 또한 학생들 역시 본인이 얼만큼 학습했는지 확인하고, 부족한 부분을 보충할 수 있습니다.

하지만 매번 시험의 형식으로 성취 정도를 확인한다면 학생들의 흥미가 떨어지고 부담을 느낄 수 있습니다. 하지만 이를 퀴즈 형식으로 재미있게 진행한다면 학생들의 부담감도 줄이고, 교사 역시 성취 정도를 쉽게 평가할 수 있습니다. 아울러 그 자체로도 훌륭한 학습이 됩니다. 게다가 다른 선생님이 만든 학습 퀴즈를 그대로 사용하거나 편집하여 활용할 수 있어 매우 유용합니다.

띵커벨 퀴즈

띵커벨 퀴즈는 학생들과 실시간으로 퀴즈를 풀고 함께 참여하는 온라인 수업 도구입니다. 학생들은 교사가 제시한 문제를 다 함께 TV 화면으로 확인하며 자신의 태블릿으로 퀴즈를 풉니다. 퀴즈가 모두 끝난 후 계산된 총점을 바탕으로 순위 및 결과를 공유할 수도 있고, 원치 않는다면 결과를 따로 공유하지 않을 수도 있습니다. 교사는 결과 리포트를 통해 참여 학생별 점수와 문제별 정답률을 구체적으로 확인할 수 있습니다.

띵커벨 퀴즈로 만들 수 있는 퀴즈 유형은 다양합니다. ○×, 선택형, 단답형, 빈칸형, 서술형, 투표, 순서형 문제를 만들 수 있으며 투표 유형을 제외한 모든 유형은 무료입니다. 각 유형에 대한 설명은 다음과 같습니다.

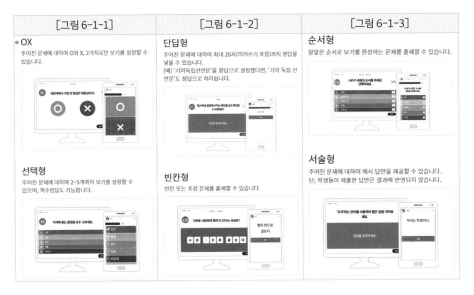

[그림 6-1-1]	[그림 6-1-2]	[그림 6-1-3]
OX 주어진 문제에 대하여 O와 X, 2가지로만 보기를 설정할 수 있습니다.	**단답형** 주어진 문제에 대하여 최대 20자(띄어쓰기 포함)까지 정답을 넣을 수 있습니다. [예] '기미독립선언문'을 정답으로 설정했다면, '기미 독립 선언문'도 정답으로 처리됩니다.	**순서형** 알맞은 순서로 보기를 완성하는 문제를 출제할 수 있습니다.
선택형 주어진 문제에 대하여 2-5개까지 보기를 설정할 수 있으며, 복수정답도 가능합니다.	**빈칸형** 빈칸 또는 초성 문제를 출제할 수 있습니다.	**서술형** 주어진 문제에 대하여 예시 답안을 제공할 수 있습니다. 단, 학생들이 제출한 답안은 결과에 반영되지 않습니다.

✓Check 문제 만드는 과정이 번거롭다면 [그림 6-1-25]로 넘어가서 이미 다른 선생님들께서 만든 문제를 바로 활용해도 됩니다.

기능 알아보기

띵커벨 퀴즈를 만들어 보겠습니다. 띵커벨 사이트(https://www.tkbell.co.kr/)에 접속합니다. 띵커벨은 아이스크림(https://www.i-scream.co.kr/)을 통해 접속할 수도 있습니다. 띵커벨에 접속한 후 [그림 6-1-4]와 같이 만들기를 눌러 퀴즈를 선택합니다.

| [그림 6-1-4] | [그림 6-1-5] |

퀴즈 제목을 입력하고 학년, 단원, 차시를 설정하고 태그도 입력할 수 있습니다. 이는 나중에 다른 선생님들이 '라이브러리'에서 참고에 활용하는데 도움이 됩니다. 다른 선생님들과의 공유를 원치 않으면 공개 범위를 조정할 修 있습니다.'라이브러리'는 추후 설명하겠습니다.

| [그림 6-1-6] | [그림 6-1-7] |

유료인 투표 유형을 제외한 나머지 6개 유형을 모두 만들어 보겠습니다.

O✗

[그림 6-1-8]을 통해 기능을 알아보겠습니다.

1 각 문항별로 퀴즈 유형을 다르게 설정할 수 있습니다.

2 각 문제에는 사진이나 영상 등 미디어를 추가할 수 있습니다.

3 정답을 표시합니다.

4 제한 시간을 설정할 수 있습니다. 제한 시간을 설정하면 해당 시간 내에 답을 클릭하지 않은 학생은 오답 처리된 후 다음 페이지로 넘어갑니다.

5 해설을 입력하면 학생들이 정답이 공개된 후 해설을 확인할 수 있습니다.

6 문제를 다 만들었으면 문제 완료 버튼을 클릭합니다.

7 문제를 만드는 중간에 임시 저장 버튼을 클릭해 주는 것이 좋습니다.

이와 같이 문제를 만들면 [그림 6-1-9]와 같이 완료된 문제가 뜨고, 다음 문제를 추가할 수 있습니다.

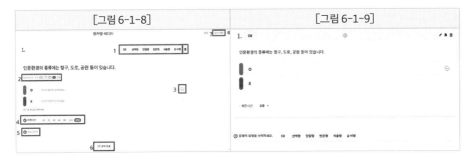

[그림 6-1-8]	[그림 6-1-9]

선택형, 단답형

[그림 6-1-10]은 선택형입니다. 정답을 2개 이상 체크하면 복수 정답으로 설정할 수도 있습니다. 미디어와 해설을 추가해 보았습니다.

[그림 6-1-11]은 단답형입니다. 정답이 여러 개라면 정답 1, 정답 2, 정답 3에 각각 답을 추가할 수 있습니다. 이와 비교해 정답 1 안에 두 개의 단어를 넣으면 둘 중 하나만 맞아도 정답 1의 답으로 인정됩니다.

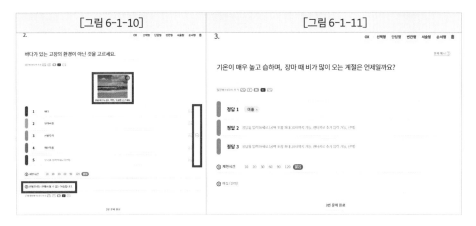

빈칸형

[그림 6-1-12]와 [그림 6-1-13]은 빈칸형입니다. **를 넣어 빈칸을 만들거나, 빈칸에 초성을 넣어 힌트를 줄 수도 있습니다.

서술형, 순서형

[그림 6-1-14]는 서술형 문제입니다. 서술형은 채점 대상에서는 제외됩니다.

[그림 6-1-15]는 순서형입니다. 해당 예시의 '그래프 읽는 방법'처럼 순서가 있는 경우에 보기를 알맞은 순서로 입력할 수 있습니다.

문제가 완성되면 위와 같이 문제를 확인할 수 있습니다. 1번 영역에서 문제를 수정하고, 복제하고, 삭제할 수 있습니다.

이어서 **2번** 영역의 버튼을 클릭하여 [그림 6-1-17]과 같이 문제 순서를 변경할 수 있습니다. 우측 상단의 완료를 클릭하여 저장합니다.

[그림 6-1-17]

✓Check 학생들에게 ○×, 단답형, 순서형, 객관식의 문제 유형을 안내해 주고, A4 용지를 잘라서 나눠 주며 문제를 직접 만들라고 할 수 있습니다. 학생들은 문제를 만들면서 핵심 개념을 살펴보게 됩니다. 학생들이 만든 문제 종이 다발 중 퀄리티가 괜찮은 문제만 골라서 띵커벨 퀴즈로 만들 수도 있습니다.

완성된 문제는 라이브러리나 보관함에서 확인할 수 있습니다.

퀴즈를 플레이하는 모드는 6가지가 있습니다. 원하는 모드를 클릭하여 퀴즈가 진행됩니다. 수업 시간에 각자의 태블릿으로 하기 좋은 모드는 Wi-Fi on 모드와 배틀 모드입니다.

[그림 6-1-18]

Wi-Fi on 모드는 [그림 6-1-19]처럼 마치 '골든벨' 같이 진행 속도에 맞추어 학생들이 각자의 태블릿으로 띵커벨 문제에 실시간으로 참여하는 모드입니다. 교사가 문제를 보여 주고 해당 문제를 푼 학생 수를 실시간으로 확인하여 문제 진행 속도를 조절할 수 있습니다. 교사의 진행 속도에 맞춰 같은 문제를 모두 같이 풀기 때문에 흥미진진하며, 문제를 하나하나 설명하기에 좋습니다. 수업 후에는 학생별, 문항별 오답률을 확인할 수 있으므로 다음 학습 준비 시 참고 자료로 쓸 수 있습니다.

[그림 6-1-19]

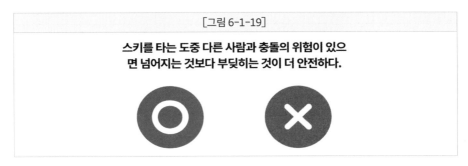

스키를 타는 도중 다른 사람과 충돌의 위험이 있으면 넘어지는 것보다 부딪히는 것이 더 안전하다.

배틀 모드는 게임처럼 경쟁하며 퀴즈에 참여할 수 있습니다. 학생들은 개별 디바이스로 문제를 풀고, 선생님은 화면에서 실시간 순위를 확인할 수 있습니다. 다만, Wi-Fi on 모드와 같이 교사의 진행 속도에 맞추어 모두가 동일한 문제를 푸는 방식이 아니라는 차이가 있습니다. 모든 문제를 다 푼 후 결과를 확인하기 때문에 긴 시간이 필요하지 않고, 마무리 퀴즈 등으로 가볍게 풀기 좋습니다. 그 외에도 Wi-Fi가 없거나 태블릿이 부족할 경우 PPT처럼 쓸 수 있는 Wi-Fi off 모드, 과제 기간을 지정해 학생들에게 과제를 보내는 과제 모드 등이 있습니다. 앞서 언급했듯이 가장 많이 쓰는 모드는 배틀 모드와 실시간으로 퀴즈를 풀 수 있는 Wi-Fi on 모드입니다.

[그림 6-1-20]

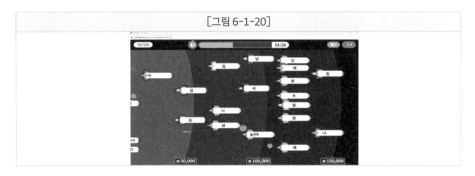

✓Check 학생들이 배틀 모드를 특히 좋아합니다. 수업 시작할 때 배틀 모드로 문제를 먼저 풀고 시작하면 그 자체로 동기 유발이 됩니다. 비슷한 개념의 문제들을 풀 것이니 필기 자료나 학습지, 교과서를 공부하라고 하면 배틀 모드의 고득점을 위해 열심히 학습합니다. 공부 후에는 약간 변형된 문제로 배틀 모드를 다시 풀면, 이전보다 높은 학습 성취도를 보일 겁니다. 이는 학습을 정리할 단원 마지막 부분이나 평가 전에 가능한 수업 방법입니다.

✓Check 다른 활용 방법으로는 Wi-Fi on 모드로 다 함께 문제를 풀며 학습한 뒤, 같은 문제를 배틀 모드로 공유하여 한 번 더 풀게 합니다. 마치 오답 노트와 같은 개념으로, 이전에 Wi-Fi on 모드로 문제를 풀며 공부했으니 이번(배틀 모드)에는 아까 틀린 문제들도 맞출 수 있어야 한다고 말합니다. Wi-Fi on 모드 시작 전에 같은 문제를 배틀 모드로 한 번 더 풀 것이라고 미리 언급하면, 단순히 문제를 맞추고 틀리는 것에만 집중하지 않고 틀린 문제를 다음 번에는 맞추기 위해 더욱 집중합니다.

학생에게 공유하기

[그림 6-1-21]처럼 [보관함]의 [내 자료]에서 수업 중 실시간으로 함께 문제를 풀기 위해 [배틀 모드]나 [Wi-Fi on 모드]로 공유하면 [그림 6-1-22]처럼 방 번호와 QR 코드가 나옵니다.

방 번호로 들어갈 경우 포털 사이트에 '띵커벨 방 번호 입력'이라고 검색한 뒤 [그림 6-1-23]로 들어가거나, 주소 창에 (tkbell.kr)을 입력하면 [그림 6-1-24]의 화면이 나옵니다. 상단에서 [퀴즈] 탭을 클릭한 뒤 교사 화면에 있는 방 번호를 입력하면 퀴즈에 참여할 수 있습니다. 혹은 띵커벨 앱을 다운로드받아 실행한 경우, 곧바로 [그림 6-1-24] 화면으로 들어갈 수 있습니다.

✓Check   띵커벨 퀴즈는 태블릿 없이 스마트폰만으로도 할 수 있는 활동입니다.

이미 만들어진 퀴즈 활용하기

라이브러리는 내가 만든 문제 외에도 다른 사람들이 만든 퀴즈도 볼 수 있는 도서관입니다. 문제를 만드는 과정이 번거롭다면 라이브러리만 잘 활용해도 충분합니다. 학년별, 학기별, 단원별, 차시별로 검색이 가능하며, 검색어를 입력해 원하는 퀴즈를 찾을 수도 있습니다. 또한, 다른 사람이 만든 자료를 복사해 나에게 맞게 수정하여 퀴즈를 만들 수도 있습니다.

[그림 6-1-25]

✓ Check 인기순으로 정렬하면 선생님들께서 많이 선택하신 퀴즈를 교실에서 활용할 수 있습니다.

보관함에서는 내가 만든 퀴즈 목록들을 한 번에 확인할 수 있습니다.

[그림 6-1-26]

리포트에서는 [그림 6-1-27]과 [그림 6-1-28]처럼 진행한 퀴즈 결과를 학생별, 문항별로 한눈에 확인할 수 있습니다.

✓Check 띵커벨 퀴즈가 학생별, 문항별 성취도를 자동으로 파악할 수 있지만, 매 차시에 하기는 부담입니다. 소단원/대단원이 끝난 후나 시험 전에 하면, 학생들이 특히 어려워하는 부분을 명확히 파악하고 보충을 도와줄 수 있습니다.

✓Check 하나하나 짚어가며 퀴즈를 풀기에는 Wi-Fi on 모드, 짧은 시간에 더욱 흥미진진하고 가볍게 문제를 풀기에는 배틀 모드가 좋습니다.

2 채점 노동에서 벗어나자 ———
: 띵커벨 워크시트

적게는 몇 명에서 많게는 몇 백명까지 채점을 하는 것은 반복적이고 고된 일입니다. 만약 학생들이 제출한 시험지가 자동 채점이 된다면 얼마나 편리할까요. 워크시트형 프로그램을 이용하면 시험지 1장으로 많은 학생들이 시험을 본 것을 자동 채점할 수 있습니다. 교사는 자동 채점 결과를 보고 다음 차시 수업이나 시험 출제 시 난이도를 조절할 때 참고하거나, 결과가 좋지 않은 학생들에게는 추가 학습을 제공할 수도 있습니다. 워크시트형 프로그램에는 티처메이드(https://app.teachermade.com/)나 띵커벨 워크시트(https://www.tkbell.co.kr/) 등이 있습니다. 이 책에서는 한국어 기반 프로그램인 띵커벨 워크시트에 대해서 알아보겠습니다.

●띵커벨 워크시트

오프라인 학습지를 온라인 학습지로 제작하여 학생들에게 과제로 배포한 후 실시간으로 결과 리포트를 받을 수 있는 국내 서비스입니다. 문제에 이미지나 유튜브 영상을 추가할 수 있고 자동 채점해 결과를 실시간으로 확인할 수 있다는 장점이 있습니다.

기능 알아보기

띵커벨 워크시트를 만들어 보겠습니다. 6-1장의 띵커벨 퀴즈와 같이 띵커벨 사이트(https://www.tkbell.co.kr/)에 접속합니다. 아이스크림(https://www.i-scream. co.kr/)을 통해 접속할 수도 있습니다.

다음과 같이 만들기를 클릭한 후 워크시트를 클릭합니다.

[그림 6-2-1]   [그림 6-2-2]

학년, 과목, 단원 등을 입력합니다. 차시까지 입력할 수도 있습니다. 그 후 바탕이 될 문제지를 불러옵니다. 한글, jpg, 파워포인트, pdf 파일 등을 첨부할 수 있습니다.

> ✓Check 문제를 만드는 과정이 번거롭다면 [그림 6-2-16]으로 넘어가서 이미 다른 선생님들이 만들어 둔 문제를 바로 활용해도 됩니다.

[그림 6-2-3] / [그림 6-2-4]

문제 편집하기를 클릭하면 다음과 같은 창이 뜹니다. 1번 네모 박스는 기본 도구이고, 2번 네모 박스는 문항 제작 도구입니다. 이를 활용하여 하단의 문제 제작 화면에서 온라인 학습지를 만들 수 있습니다.

문제를 만드는 중간중간 우측 상단의 임시 저장을 클릭해 주면 좋습니다.

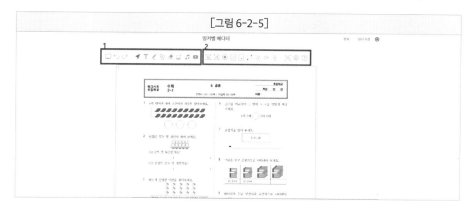

[그림 6-2-5]

각각의 기능은 다음과 같습니다.

1 미리보기: 현재까지 만들어진 학습지를 학생의 화면에서 어떻게 보이는지 미리 볼 수 있는 기능

2, 3 이전/앞으로: 이전 작업으로 돌아가거나 다시 되돌림

4 선택: 제작 중인 화면에 그려진 오브젝트를 선택할 때 활성화됨. 마우스 커서와 비슷한 개념

5 텍스트: 화면에 텍스트 상자를 그려 글을 작성함

6 선 긋기: 화면에 선을 그리거나 화살표를 그림

7 도형: 원이나 사각형 등 간단한 도형을 그림

8 지우개: 지우고 싶은 부분 위에 네모 상자를 붙여 가리는 기능

9 이미지 파일, 음악, 유튜브 영상 등을 입력

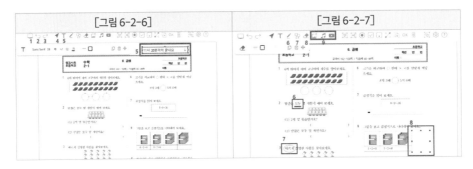

각각의 기능은 다음과 같습니다.

1 단답형: 단답형 문제를 만들 때 사용, 네모 안에 답을 입력함(그림 6-2-9 참고)

2 서술형: 서술형 문제를 만들 때 사용, 점수 채점에 포함되지 않음

3 단일 선택형: 정답이 하나인 객관식 문제를 만들 때 사용. 선택지 수를 선택하고, 화면 위에 지정한 다음 ○의 위치를 원하는 곳으로 이동시킴. 정답 위치에 있는 ○를 클릭하면 ●와 같이 변함

4 복수 선택형: 정답이 두 개 이상인 객관식 문제를 만들 때 사용. 단일 선택형과 같이 □의 위치를 원하는 곳으로 이동시킨 후 정답인 곳을 클릭하면 ■와 같이 변함

5 드롭다운: 삼각형(▼)을 클릭하여 선택지를 고르는 문제를 만들 때 사용(그림 6-2-10 참고)

6 선잇기

7 드래그 앤 드롭: 보기를 답으로 드래그하는 문제에 사용

8 ○×

9 분수 입력하기

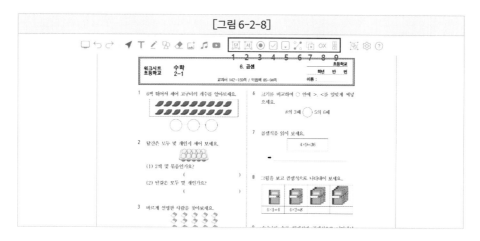

[그림 6-2-8]

기능이 다양하여 어떤 문제든 만들 수 있지만, 모든 기능을 다 익히려고 하면 어렵게 느껴질 수 있습니다. 단답형, 서술형, (단일,복수) 선택형 4가지만 알아도 대부분의 학습지 및 시험지를 워크시트로 충분히 구성할 수 있습니다.

[그림 6-2-9]   [그림 6-2-10]

학생에게 공유하기

워크시트 생성 후에 **1** [보관함] 클릭, **2** [내 자료], **3** 생성한 워크시트에서 [과제]를 클릭하면 학생들에게 공유할 수 있습니다.

[그림 6-2-11]

[과제]를 클릭하면 [그림 6-2-12] 화면이 나옵니다. 제출일 및 과제 옵션을 선택 후에 [과제 생성]을 클릭하면 [그림 6-2-13]과 같이 공유할 수 있습니다. 학생들에게 URL을 공유하거나, 띵커벨 앱이나 띵커벨 방 번호 입력(tkbell.kr)에서 방 번호를 입력해 학생들이 워크시트를 풀 수 있습니다.

[그림 6-2-12] [그림 6-2-13]

워크시트 문제 편집 기능을 모두 활용하고 싶다면, 지원센터에서 자세히 확인할 수 있습니다.

[그림 6-2-14]

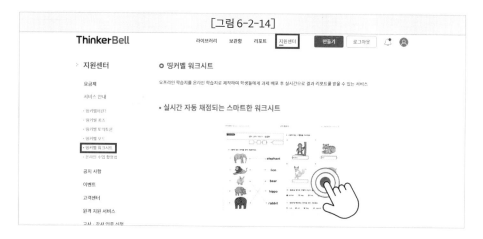

혹은 문제를 직접 편집하지 않고 라이브러리에서 다른 선생님들이 제작한 워크시트를 찾아 활용하는 것도 좋은 방법입니다. 라이브러리에 들어가 활용하고 싶은 과제를 선택하고 [과제]를 클릭하면, 학생들에게 제공할 수 있는 링크가 생성됩니다. 제출 결과(리포트)는 퀴즈와 마찬가지로 띵커벨 홈 ▶ 리포트에서 확인할 수 있습니다.

[그림 6-2-15]　　　　　　[그림 6-2-16]

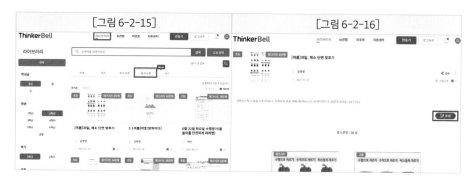

✓Check 인기순으로 정렬하면 선생님들께서 많이 선택하신 워크시트를 활용할 수 있습니다.

✓Check 워크시트 1개를 만드는 시간이, 많은 학생들의 학습지를 채점하는 시간보다 적은 경우가 많습니다. 학습지를 나눠 주고 끝내는 게 아니라, 결과까지 자동으로 파악해 학생들의 수업 내용 이해도를 파악해 봅시다.

게임으로 즐겁게 ─── 형성 평가하기
: 미래엔 AI CLASS 퀴즈온

잘 만들어진 퀴즈 꾸러미가 있으면 얼마나 편리할까요. 게다가 학습 퀴즈가 방탈출 게임이라면 어떨까요? 그냥 학습 퀴즈보다 훨씬 재밌을 겁니다. 단순 퀴즈로 끝나지 않고 퀴즈 결과가 자동 채점되어 교사가 볼 수 있다면 형성 평가나 단원 평가 자료로도 사용할 수 있을 겁니다. 학생들이 전반적으로 많이 틀린 문제는 전체를 대상으로 복습을 할 수 있고, 일부 학생들에겐 부족한 부분만 복습하도록 추가 학습 자료를 제공할 수 있습니다. 3-2장에서 배웠던 미래엔 AI CLASS는 학습지 말고 퀴즈와 방탈출 게임을 지원합니다. 결과는 자동 채점되어 교사는 즉각적으로 학생 점수를 확인할 수 있으며, 점수를 바탕으로 학생들의 이해 수준을 파악할 수 있고, 다음 차시 학습 계획을 수립하는 데 도움이 됩니다.

미래엔 AI CLASS 퀴즈온 – 방탈출 게임

방탈출 게임은 문제를 맞추기 전까지는 다음 문제로 넘어갈 수 없는 게임으로, 답을 맞추기 위해 여러 번의 기회가 주어집니다. 리포트에서는 첫 시도에서 맞춘 것만 정답으로 인정합니다. 또한, 문제를 푸는 데 걸린 시간과 문제를 맞고 틀린 결과가 리포트에 자동으로 완성되므로 편리하고 좋은 형성 평가 자료가 됩니다.

미래엔 AI CLASS(https://aiclass.m-teacher.co.kr/) 로그인 후 **1** [퀴즈온]을 클릭하고 **2** 학년, 학기, 과목을 선택합니다. **3** [그림 6-3-1]처럼 여러 퀴즈들이 나오는데, 그중 퀴즈 유형이 '방탈출'이라고 쓰인 단원의 퀴즈를 [복사]한 뒤 **4** [퀴즈 보관함]을 클릭합니다.

[그림 6-3-1]

✔Check [퀴즈 보관함] 왼쪽에 [퀴즈 만들기]를 클릭하면 미래엔 AI CLASS에서 제공하는 퀴즈 말고, 선생님만의 방탈출 게임을 만들 수 있습니다.

퀴즈 보관함에서 [점 세 개]를 클릭한 뒤 [수정]을 누르면 문제를 편집할 수 있습니다.

[그림 6-3-2]

문제 편집 시에는 **1** 문제의 제목부터 변경하도록 합니다. 다음 그림의 제목처럼 제목 앞에 날짜를 붙이면 학생들이 문제를 풀 때 어떤 문제를 풀어야 할지 명확히 알 수 있습니다. **2**를 누르면 문제를 복사하거나 삭제할 수도 있습니다. **3** 문제의 유형을 ○×, 선택형, 단답형, 순서완성형, 초성퀴즈형, 설명형 6가지 중에 선택 및 변경할 수 있습니다. **4** 문제의 내용을 수정할 수 있고, [그림 6-3-4]처럼 새로운 문제를 추가할 수도 있습니다. **5** 문제 편집을 완료했으면 [저장]을 클릭합니다.

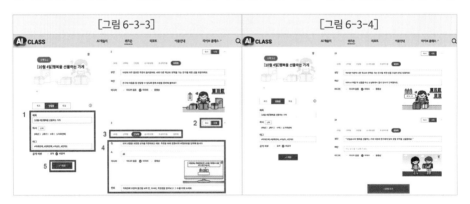
[그림 6-3-3] [그림 6-3-4]

문제 편집을 완성한 뒤에는 다시 [퀴즈 보관함]에서 공유합니다. 만약 [세모 모양]의 재생 버튼을 누른다면 학생들의 태블릿으로 공유하지 않고 TV 화면을 통해 학급 인원 모두가 함께 문제를 풀 수도 있습니다.

[그림 6-3-5]

[그림 6-3-6]은 [그림 6-3-5]에서 공유 버튼을 클릭했을 때의 화면입니다. **1** [선생님 화면을 함께 보며 Play]를 누르면 태블릿 없이도 학생들과 다같이 화면을 보며 문제를 풀 수 있습니다. [그림 6-3-5]의 [세모 모양] 재생 버튼을 눌렀을 때와 같습니다. [학생별 기기로 개별 Play]를 클릭해야 학생들이 개별 태블릿으로 문제를 풀 수 있습니다. **2** 옵션의 경우 교실이 시끄러워질 것 같으면 배경 음악을 해제하도록 합니다. **3** 옵션을 설정한 뒤 [학생 공유]를 클릭하면 [그림 6-3-7]화면이 나오며, 학생들 계정으로 들어갔을 때 문제를 응시할 수 있게 됩니다.

[그림 6-3-6]	[그림 6-3-7]

다음 그림은 학생 태블릿으로 들어갔을 때 화면입니다. 공유된 문제를 [응시하기]를 클릭합니다. 공유된 문제가 많을 경우, 제목에서 날짜를 수정했기 때문에 오늘 날짜를 확인하라고 하면 됩니다.

[그림 6-3-8]

방탈출 게임이기 때문에 문제에 답을 완성하기 전까지 다음 문제로 넘어갈 수 없습니다. 답을 모르겠는 경우 [힌트]를 클릭하거나 수학책, 수학 익힘책 등을 참고하도록 합니다. 그래도 모르겠으면 모둠 친구들에게 물어 보도록 할 수 있습니다. 문제의 답안은 계속해서 제출할 수 있지만, 첫 시도에서 문제를 틀리면 리포트에서 틀린 것으로 간주합니다.

[그림 6-3-9]

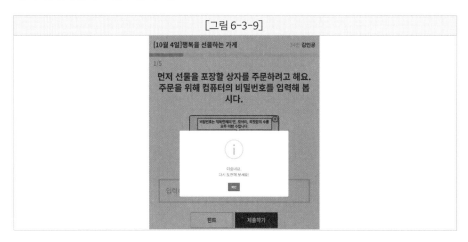

1 퀴즈온 탭에서 **2** 퀴즈온 리포트를 클릭하고 **3** 공유한 문제를 클릭하면 [그림 6-3-11]처럼 공유된 문제의 결과를 볼 수 있습니다. 문제의 정답률을 바탕으로 학생들이 어려워하는 부분을 파악할 수 있으며, 다음 차시에 개념을 다시 학습할 수도 있습니다. 또한, 개별 정답 결과에서 틀린 부분이 많은 학생들은 추가 학습지를 제공할 수 있습니다.

미래엔 AI CLASS 퀴즈온 - 실시간 퀴즈

미래엔 AI CLASS에서도 띵커벨 퀴즈처럼 실시간 퀴즈를 지원합니다. 직접 만들 수도 있으며, 기존에 있던 자료를 수정해 흥미진진하게 형성 평가를 진행할 수 있습니다.

형식은 방탈출 게임과 기본적으로 같습니다. 미래엔 AI CLASS(https://aiclass. m-teacher.co.kr/)에서 **1** [퀴즈온]을 클릭하고 **2** 학년, 학기, 과목을 선택합니다. **3** [그림 6-3-12]처럼 여러 퀴즈들이 나오는데, 그중 퀴즈 유형이 '퀴즈'라고 적힌 단원의 퀴즈를 [복사]한 뒤 **4** [퀴즈 보관함]을 클릭합니다.

[그림 6-3-12]

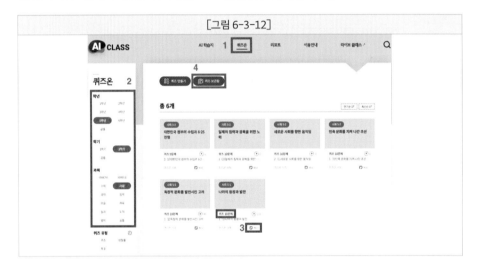

[퀴즈 보관함]에서 [점 세 개 모양]을 누른 뒤 [수정]을 선택하면, 방탈출 게임과 마찬가지로 문제를 편집할 수 있습니다. 이때 문제의 제목을 학생들이 문제를 풀 날짜로 입력하여 문제 공유 시 헷갈리지 않도록 합니다.

[그림 6-3-13]	[그림 6-3-14]

문제 편집 후에는 다시 [퀴즈 보관함]에서 공유합니다. [세모 모양]의 재생 버튼을 누르면 TV 화면을 통해 학생들과 문제를 풀 수도 있습니다. [공유하기]버튼을 클릭하면 학생들이 태블릿에서 문제를 풀게 됩니다.

[그림 6-3-15]

1 [학생별 기기로 함께 Play(실시간, 수업용)]을 누르면 학생들과 함께 실시간으로 문제를 풀어 볼 수 있습니다. **2** 옵션에서 타이머는 해제하도록 합니다. 학생들이 어느 정도 완료했으면 교사가 답을 공개해도 됩니다. **3** 옵션 설정 후 [학생 공유]를 누르면 학생들 개별 태블릿으로 실시간 퀴즈를 응시할 수 있습니다.

[그림 6-3-16]

퀴즈 응시 후엔 미래엔 AI CLASS의 [리포트] 탭에서 [퀴즈온 리포트]를 클릭하면, 타 리포트와 마찬가지로 학생들의 정답, 오답 결과를 한눈에 볼 수 있습니다. 오답률이 높은 문제의 개념은 다시 한 번 짚고 넘어가도록 하며, 학습 결과 오답률이 전반적으로 높은 학생들에게는 추가 학습을 제공하도록 합니다.

[그림 6-3-17]

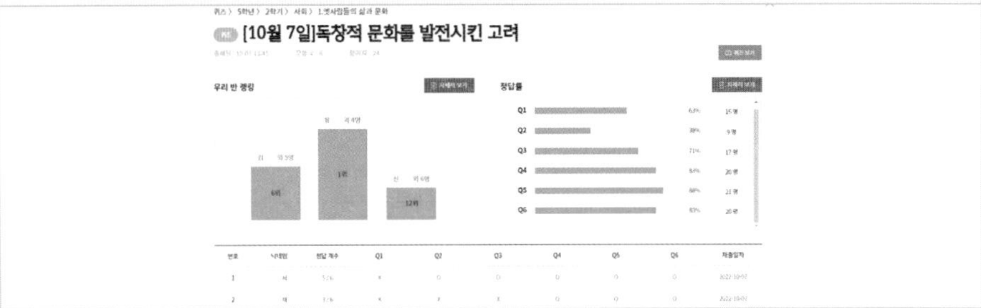

토막 고민 해결: 쓸 수 있는 프로그램이 너무 많아 엄두가 나지 않아요

너무나 많은 웹과 앱들... 뭘 써야 할까요? 학생들과 소통할 수 있는 도구만 해도 띵커벨 보드, 패들렛, 잼보드 등 다양합니다. 실시간 퀴즈 프로그램도 띵커벨 퀴즈, 미래엔 AI CLASS 퀴즈, 클래스 핑퐁, 카훗!, 소크라티브 등 다양합니다. 이 많은 것을 다 배우실 필요는 없습니다. 에듀테크의 발전에 따라 새로운 게 끝없이 나오고 발굴되지만, 이 모든 것을 따라가야 에듀테크 수업, 태블릿 활용 수업을 하는 것은 아닙니다.

선생님께서 가장 편한 도구 하나만 선택하면 됩니다. 각자 도구마다 강점과 약점이 있습니다. 각 도구의 약점을 극복하기 위해 모든 도구를 배우려면, 선생님도 배우기 어렵고 학생들도 학습되기까지 시간이 많이 소요되고 헷갈립니다. 전체적인 기능은 전반적으로 비슷하니, 가장 유용하다고 생각하시는 툴 하나만 제대로 써보시는 것을 추천합니다. 현재 쓰는 도구의 강점을 극대화해서 좋은 수업을 충분히 만드실 수 있습니다.

7장

수업 결과물에
날개 달기

수업을 진행하며 과제를 수행하는 것만큼 중요한 것이 결과물을 서로 공유하는 것입니다.

하지만 종이라는 어쩔 수 없는 물리적 제약으로 인해 막상 결과물 공유는

형식적으로 끝내는 경우가 많습니다. 학생 개인 혹은 각 모둠의 결과물을

학급 구성원 모두가 각자 자리에서 보기에는 쉽지 않습니다.

하지만 태블릿을 이용하면 이러한 한계에서 벗어나

자신의 책상 위에 모든 친구들의 결과물이 한눈에 펼쳐집니다.

❶ **보고서 작성하기**: 구글 문서

❷ **포스터, 만화 만들기**: 캔바

❸ **영상 만들기**: 키네마스터

보고서 작성하기

: 구글 문서

수행 평가 과제로 가장 많은 것은 '보고서 작성'일 것입니다. 학생들 중 한글 프로그램이나 구글 문서를 잘 다루어서 보고서 작성을 능수능란하게 하는 학생도 있는 반면, 보고서 작성하는 방법을 모르는 학생도 많습니다. 태블릿을 활용한 보고서 작성을 한 번 배워 두면, 추후 수행 평가 시 보고서 과제가 제시되었을 때 학생 스스로 작성할 수 있습니다. 개인 스마트폰으로도 보고서 작성이 가능하기 때문에 다음 과제는 교실에서 태블릿으로도 보고서를 작성할 수도 있고, 학생 개인 스마트폰으로도 작성할 수 있습니다.

[그림 7-1-1]

Google 문서

Google LLC

인앱 구매

기능 알아보기

구글 문서 앱을 다운로드받도록 합니다. 구글 문서는 같은 구글 아이디로 로그인했을 때 여러 기기에서 호환이 됩니다. 또한, 추후 배울 [공유] 기능을 활용하면 학교 구글 계정과 개인 구글 계정이 다르더라도 같은 문서를 편집할 수 있습니다.

우측 하단에 [+]를 누르고 [새 문서]를 클릭합니다.

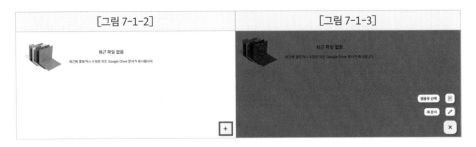

새 문서를 열어 구글 문서의 기본 기능을 안내합니다.

1은 되돌리기입니다. 글자를 지우다 보면 한번에 많이 지워지는 경우가 있습니다. 이 때 유용하게 쓰입니다. **2**는 글자 서식입니다. 가운데 정렬, 굵게 하기, 글자색 변경, 글꼴 변경 등의 간단한 글자 서식을 안내하도록 합니다.

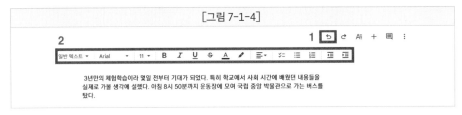

✓Check 보고서 작성 시 글자는 일반적으로 왼쪽 정렬이며, 주요 내용이 아니면 검은색 글씨로 쓸 것을 안내합니다.

보고서에 이미지 첨부하기

이미지를 넣는 방법은 [2장 셋팅하기]에서 학습했습니다. 이미지를 첨부하는 방법은 보고서를 작성하는 데 반드시 필요하므로 학생들에게 꼭 안내하도록 합니다. 디지털의 장점을 활용해 이미지를 넣으면 더욱 풍성한 보고서가 됩니다.

[그림 7-1-5]

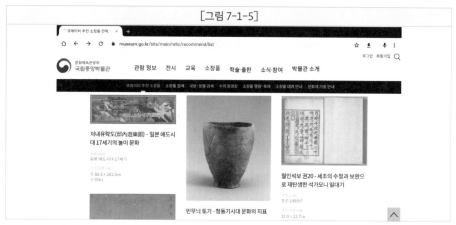

* 그림 출처: 국립중앙박물관(https://www.museum.go.kr/site/main/relic/recommend/list)

구글 문서에 이미지를 넣으려면 우측 상단의 [+]를 누르고 [이미지]를 선택한 뒤, 앨범에서 원하는 이미지를 선택하여 넣으면 됩니다.

[그림 7-1-6]	[그림 7-1-7]

if ▷ **본인이 찍은 사진을 학교 태블릿으로 옮기려면**

학생 개인 스마트폰에서 학교 태블릿 G-mail 계정으로 메일을 보내거나 같은 계정이면 드라이브 공유도 가능합니다. 이 부분이 어렵다면, 교사가 만든 소통형 도구(패들렛, 띵커벨 보드)에 개인 스마트폰으로 사진을 업로드하고, 학교 태블릿으로 소통형 도구에 들어가 다운로드받을 수 있습니다.

✓Check 소통형 도구에 학생이 직접 촬영한 이미지를 업로드하면 이미지가 준비 안 된 학생도, 다른 친구가 촬영한 이미지를 사용할 수 있습니다.

if ▷ **이미지를 다운받으려면**

[2장 셋팅하기]에서 배웠듯이 이미지를 검색한 뒤 이미지를 길게 누르면 이미지 관리 창이 나옵니다. [이미지 다운로드]를 누르고 나면 갤러리(사진 앨범)에서 다운로드한 이미지를 확인할 수 있습니다. 혹은 화면을 캡처하여 보고서에 사용할 수도 있습니다.

✓Check 항상 출처를 남기도록 합니다. 친구의 그림도 허락을 받고 '자료 출처: n학년 n반 ○○ ○'과 같이 남기도록 합니다.

✓Check 저작권 표기 요건을 잘 지킨다면 이미지나 영상 등의 자료를 사용할 수 있는 사이트로는 공유마당(https://gongu.copyright.or.kr/)과 일러스트 자료 모음 사이트인 픽사베이(https://pixabay.com/ko/)가 있습니다.

✓Check 퍼 온 이미지는 수업 목적이 아닌 경우, 원저작자의 허락을 받고 이미지를 사용해야 함을 안내합니다.

저작권법 제25조(학교 교육 목적 등에의 이용)

③ 다음 각 호의 어느 하나에 해당하는 학교 또는 교육 기관이 수업 목적으로 이용하는 경우에는 공표된 저작물의 일부분을 복제 · 배포 · 공연 · 전시 또는 공중 송신(이하 이 조에서 "복제 등"이라 한다)할 수 있다. 다만, 공표된 저작물의 성질이나 그 이용의 목적 및 형태 등에 비추어 해당 저작물의 전부를 복제등을 하는 것이 부득이한 경우에는 전부 복제등을 할 수 있다. 〈개정 2020. 2. 4.〉

그림을 입력한 다음에는 [그림 7-1-8]처럼 출처 링크를 입력합니다. 그림의 출처 링크는 어떻게 가져올까요? 출처 링크를 복사하는 방법을 알아보겠습니다.

[그림 7-1-8]

이미지를 캡처하거나 복사해 온 사이트의 **1** 주소 창을 클릭한 뒤 **2** 복사 버튼을 클릭합니다.

[그림 7-1-9]

[그림 7-1-10]

다시 구글 문서로 돌아오면 키보드 위쪽 부분에 링크가 나와 있습니다. 링크를 클릭하면 링크가 붙여 넣어집니다.

[그림 7-1-11]

이미지나 출처 링크 붙여 넣기, 내용 입력 등을 모두 마친 다음에는 [그림 7-1-12]처럼 왼쪽 위 [체크 모양]을 누르고 제목을 선택하면 글의 제목을 수정할 수 있습니다. [그림 7-1-14]처럼 글의 제목 입력 후 괄호 안에 학생 본인의 이름을 입력하여 공유 시 교사가 누구의 글인지 파악할 수 있도록 합니다.

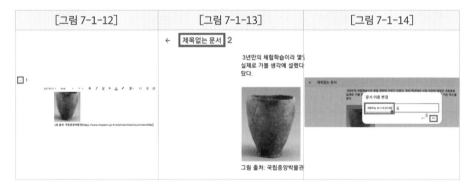

| [그림 7-1-12] | [그림 7-1-13] | [그림 7-1-14] |

공유하기

글 작성 및 제목 변경 후 교사에게 공유하는 방법을 알아보도록 하겠습니다. 1 우측 상단의 [점 세 개 모양]을 클릭 후 2 [공유 및 내보내기] 3 [공유]를 선택합니다.

[사용자 또는 그룹 추가]를 클릭 후 이메일을 입력하면 [그림 7-1-18]처럼 이메일이 추가됩니다. 이메일을 추가했으면 [그림 7-1-19]의 2가 [편집자]로 되어 있는지 확인합니다. 만약 [편집자]로 되어있지 않다면 [편집자]로 변경합니다. 편집자로 설정되어 있어야 교사가 피드백을 줄 수 있습니다. 3 마지막으로 우측 하단의 [보내기] 버튼을 클릭하면 교사도 학생의 글을 수정할 수 있습니다.

✓Check 이 책에서는 학생이 교사에게 편집 권한을 주는 방법을 설명했습니다. 해당 과정을 안내하는 것이 번거롭다면 교사가 구글 독스 1개 파일에 학생 전체를 위한 편집 권한을 부여해서 각자 작성할 페이지를 지정해 주고 자신의 페이지에 보고서를 작성하도록 하는 방법도 있습니다.

다음 그림은 교사 화면입니다. 교사는 구글에서 구글 문서(https://docs.google.com/document/)로 들어가 **1** 정렬 순서를 클릭한 뒤 **2** [최종 수정 날짜]로 변경합니다. 학생들이 작성한 글들이 상위에 떠서 쉽게 확인할 수 있습니다. 혹은 화면 맨 위 검색 창에 학생 이름으로 검색하면 앞서 문서의 제목에 학생 이름을 넣었기 때문에 검색이 가능합니다.

[그림 7-1-20]

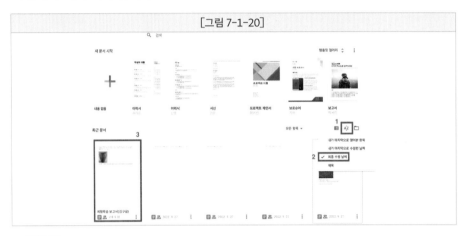

✓ Check 이와 같이 교사 계정에서 학생이 작성한 문서를 확인할 수 있는 이유는, 앞서 공유 권한을 교사에게 부여했기 때문입니다.

✓ Check 공유 권한을 교사 계정이 아닌, 동료 학생들의 계정에 부여하면 협력적 글쓰기가 가능합니다.

학생이 작성한 글을 클릭한 뒤 **1** 피드백을 줄 부분을 드래그합니다. **2** [댓글 추가]를 클릭해 댓글을 남기면 학생이 피드백을 확인하여 글을 수정할 수 있습니다.

[그림 7-1-21]

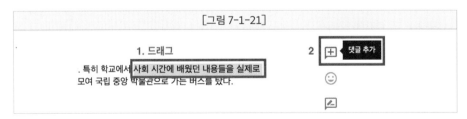

✓ Check 구글 문서의 공유 기능과 [댓글 추가] 기능을 사용하면 보고서 작성뿐 아니라 글쓰기 수업 및 개별 피드백이 가능합니다.

258

조사 보고서 작성 시 자료 조사 꿀팁 안내하기

학생들은 보고서 작성 시 자료를 검색하고 조사하는 것을 어려워하는 경우가 많습니다. 따라서 자료 조사 수업 전, 자료를 검색하는 팁을 안내하도록 합니다.

1. 주요 단어, 어구부터 검색해 보기

고슴도치 키우는 방법에 '고슴도치 잘 키우는 방법'이라고 길게 검색하기보다, '고슴도치', '고슴도치 키우기'에 대해 먼저 검색해 보도록 합니다.

2. 구체적인 검색어 활용하기

고슴도치 키우는 방법에 대한 보고서를 작성할 경우 대해 고슴도치 먹이, 고슴도치 종류, 고슴도치 수명 등 고슴도치와 관련된 구체적인 검색어를 활용하도록 합니다. '고슴도치는 수명이 어느 정도인가', '고슴도치의 다양한 종류'와 같은 검색어는 원하는 검색 결과가 나오지 않을 수 있음을 안내합니다.

3. 블로그, 카페, 지식인 등의 SNS에 업로드된 자료의 경우 믿을 만한 자료인지 판단하기

출처가 명확히 있는 자료의 경우 믿을 만한 자료이지만, 그렇지 않은 경우 정확하지 않은 정보일 수 있다는 것을 안내합니다.

4. 네이버 지식백과 활용하기

네이버 지식백과(https://terms.naver.com/) 내에서 자료를 검색하면 보고서 작성 시 유용한 양질의 자료를 얻을 수 있습니다.

5. 자료를 복사만 하지 않기

자료를 가져온 그대로 사용하는 것이 아니라 후배(동생)에게 설명한다고 생각하고 자신만의 언어로 바꾸어서 쓸 수 있도록 합니다. 그렇지 않으면 문어체가 그 대로 들어간 보고서가 만들어질 수 있습니다.

✔Check 블로켓 앱을 다운받아 사용하면 광고 없이 자료를 검색하거나 영상을 찾을 수 있습니다. 예를 들어 유튜브 내 광고 차단이나 뉴스 기사 내 광고 차단이 가능합니다.

[그림 7-1-22]

광고차단 브라우저 : 블로켓 - 인터넷 애드블록
Common Computer Inc.
광고 포함

수업 사례

관련 단원

초등 5학년 2학기 국어 4. 겪은 일을 써요

관련 성취 기준

- [6국03-05] 체험한 일에 대한 감상이 드러나게 글을 쓴다.

1~2차시 수업 흐름

수업 단계	수업 내용 및 활동	시간
도입	– 최근 겪었던 일(체험 학습) 발표하기	5'
전개	– 겪은 일이 드러나는 글쓰기 계획하고 내용 조직하기	20'
	– 구글 문서로 체험 학습 보고서 작성하기 및 고쳐 쓰기	40'
	– 피드백을 바탕으로 글 고쳐 쓰기	10'
정리	– 겪은 일이 드러나게 글 쓰는 방법 정리하기	5'

수업 소개

다음 수업 사례는 겪은 일이 드러나게 글쓰기를 배우는 차시를 변형하여 체험 학습 보고서를 작성한 수업입니다. 도입 과정에서 최근 체험 학습을 다녀온 일을 떠올리도록 했고, 첫 번째 활동으로 글쓰기를 계획하고 내용을 조직하게 했습니다. 조직 후에는 조직한 내용을 바탕으로 구글 문서로 체험 학습 보고서를 작성하도록 했습니다. 이미지의 경우 인터넷에서 다운로드 후 출처를 남기거나, 소통형 도구를 사용해 친구들이 촬영한 이미지도 구글 문서에 첨부할 수 있도록 하였습니다. 작성 후에는 다시 한 번 글을 읽으며 1차로 고쳐 쓰도록 했고, 고쳐 쓰기 후에 교사에게 구글 문서를 공유하여 교사의 피드백을 받아 이를 바탕으로 최종적으로 글을 고쳐 씁니다. 보고서를 작성하는 일련의 과정에서 학생들은 이미지 첨부 및 출처를 남기는 방법과 문단을 나누는 이유, 겪은 일이 드러나게 글을 쓰는 방법 등을 학습하게 됩니다. 또한, 구글 문서를 통해 보고서를 작성해 봄으로써 타 보고서도 작성할 수 있는 기초 역량이 생깁니다.

[그림 7-1-23]

지난 금요일에 학교에서 체험학습을 갔다. 오랜만에 친구들과 체험학습을 간다는 말에 설레고 재있을 것 같다는 생각에 신이났다. 하지만 3호차를 타서 너무 아쉬웠다. 나는 2호차를 타고싶었다. 일단 아쉬운 마음은 뒤로 하고 체험학습을 갔다.

첫번째로 간 곳은 회암사지 였다. 해설사 선생님의 설명을 들으며 출발했다

(그림 출처 : █학년2반 █연)

회암사가 번성했던 중심에는 지공,나옹,무학 세 분의 스님이 있었으며, 회암사는 동국여지승람에 1174년 금나라 사신이 회암사에 다녀갔다는 기록과, 1344년 나옹선사가 회암사에서 수도하던 중 깨달음을 얻었다는 기록으로 보아 그 이전에 창건 되었다고 볼 수 있다. 회암사가 불에 탄 이유 중 하나는 유교를 중요시 한 조선의 숭유억불 정책때문이다. 현재는 터밖에 남지 않아 아쉬웠지만, 회암사지 박물관에서 봤던 회암사를 상상해보았다.

회암사지에서 양주 회암사지 사리탑 이라는 탑도 보았는데 정말 멋졌다.

(그림 출처 :█학년2반█영)

✓Check 구글 문서는 앞서 나온 수업 사례가 아니더라도 어떠한 교과든 보고서를 작성할 때 유용하게 사용할 수 있습니다.

✓Check 소통형 도구처럼 다른 친구들의 글을 참고하면서 배우기는 어렵습니다. 하지만 많은 양의 이미지 첨부와 협업, 문서로 출력이 가능하다는 점에서 '보고서 작성' 시 구글 문서만의 장점이 존재합니다.

포스터, 만화 만들기
: 캔바

과거에는 안내 포스터를 만들려면 숙련된 디자인 기술이 필요했습니다. 물론 지금도 마음에 딱 맞는 안내 포스터를 만들려면 숙련된 디자인 능력이 필요하지만, 현재는 쉽고 간편한 디자인 툴(캔바, 미리캔버스 등)들이 나오면서 안내 포스터, 썸네일 등은 디자인을 배우지 않은 개인도 쉽게 만들 수 있게 되었습니다. 예를 들어 손 씻기 안내문을 만들고 싶으면, 디자이너가 만들어 놓은 손 그림, 거품 그림, 예쁜 글꼴과 배경을 가져와서 조합만 하면 됩니다. 즉, 디자이너가 만들어 둔 각각의 요소와 최적화된 글꼴을 조합하면 누구나 쉽게 안내 포스터, 썸네일 등을 만들 수 있습니다.

캔바 Canva

교실에서 태블릿으로 디자인 툴(캔바, 미리캔버스 등)을 사용하면 학생들의 디자인 아이디어나 표현 아이디어를 높은 퀄리티로 구체화할 수 있습니다. 예를 들어 사이버 폭력 예방 포스터나 인권 포스터, 각종 안내문 만들기, 시화 만들기, 미래 명함 만들기, 달력 만들기, 통계 자료 만들기 등 교과와 연계한 표현 활동이 가능합니다. 디자이너가 만든 요소들을 가져온 것이므로 작품의 퀄리티는 전문가가 만든 것과 비슷합니다. 디자인 툴들은 무료로 사용할 경우, 사용할 수 있는 요소들에 제한이 있습니다. 그중 교사 인증을 하면 학생들까지 무료로 다양한 요소들을 사용할 수 있는 캔바를 소개하고, 사용법과 수업 사례를 알아보겠습니다.

✓ Check 캔바 교육용 추가 약관에 따라, 교사의 감독을 받는 경우에만 학생들이 교육용 캔바를 사용할 수 있습니다.

교육용 캔바 인증 받기 및 학생 초대하기

교육용 캔바를 이용하기 위해서는 교사 인증 절차가 필요합니다. 이 과정이 번거롭다면 교사 인증을 받지 않고, 학생들이 제한된 요소만으로도 디자인할 수 있습니다. 하지만 교사 계정으로 학생들의 작품을 한번에 확인하고, 더욱 다양한 요소를 사용하기 위해서는 교육용 캔바를 인증받는 것을 추천합니다. 캔바에 접속해 교육용 캔바 인증을 받고, 학생을 초대하는 방법을 소개하겠습니다.

캔바는 구글 이메일로 쉽게 로그인할 수 있습니다. 캔바(https://www.canva.com/) 홈페이지에서 로그인한 뒤, 상단 [교육] 탭에서 선생님 인증을 받도록 합니다. 캔바를 사용해 본 적이 없어서 로그인이 처음인 경우에는 상단에서 [교육] 탭을 클릭하지 않아도 곧바로 [그림 7-2-2]로 넘어갑니다.

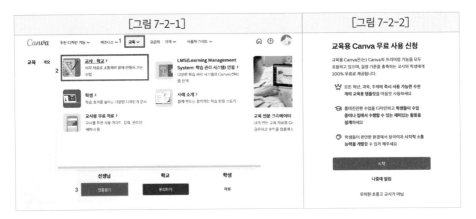

상세 정보 입력 후, 재직증명서 파일을 업로드해 교사 인증을 합니다. 재직증명서 파일은 나이스 대국민 서비스(https://www.neis.go.kr)에서 받거나 학교 행정실에서 발급받을 수 있습니다. 교사 인증을 하면 7일 이내에 교사 계정으로 변경됩니다.

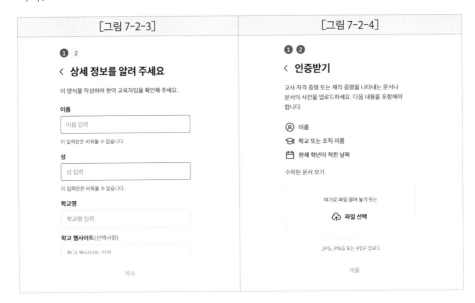

교사 인증 받기에 성공하면 좌측 이름 탭에 [교육]이라고 나옵니다.

[그림 7-2-5]

교사로 인증을 받은 후에는 [수업 세부 사항]에서 계정 이름을 편집합니다. 학생들에게 초대될 때 보이는 이름이므로, ○○학교 ○학년이 적합합니다.

[그림 7-2-6]

편집 후에 좌측 상단 [Canva]를 눌러 메인 페이지로 나온 후 [회원 초대]를 선택합니다.

[그림 7-2-7]

[공유 링크를 통해 초대]를 선택한 뒤 [초대 링크 받기]를 누르면 [그림 7-2-9] 처럼 링크를 복사할 수 있습니다. 해당 링크를 학생에게 전달합니다. QR 코드를 만들어 공유해도 되고, 링크를 패들렛이나 띵커벨 등에 업로드해도 됩니다.

[그림 7-2-8]   [그림 7-2-9]

학생 화면

학생이 링크로 들어오면 [동의 및 계속] 누른 후, [Google로 계속하기]를 선택 하여 기존에 학교에서 발급받은 구글 워크스페이스 계정으로 로그인하면 됩니다. 로그인만 완료하면 학생들도 교육 요금제로 다양한 템플릿 및 요소를 편집할 수 있는 권한이 생깁니다.

[그림 7-2-10]	[그림 7-2-11]
Canva 이용 약관 ☑ 다음 모든 항목에 동의합니다. ☑ 본인은 14세 이상이거나 학교의 지시로 이곳에 오게 되었습니다. ☑ 이용 약관에 동의합니다. ☑ (필수) 개인정보의 수집 및 사용에 동의합니다. (더보기) **동의 및 계속**	**캔바초 4학년 2반에 초대되었습니다** Canva에 가입하거나 로그인하여 팀(캔바초 4학년 2반)에 합류하세요. G **Google로 계속하기** **Microsoft로 계속하기** C **Clever로 계속하기** ✉ **이메일로 계속하기** **다른 방법을 사용하여 계속하기** 계속하면 Canva의 이용 약관에 동의하는 것입니다. Canva의 개인정보 처리방침을 확인하세요

교사 화면

[설정]에서 [팀원]을 클릭하면 초대된 학생들을 확인할 수 있습니다. 자, 이제 교육용 캔바로 수업을 시작할 수 있습니다.

[그림 7-2-12]

지금부터 폴더를 생성해 주제별로 작품을 관리하는 방법을 배워볼 겁니다. 폴더를 생성해서 관리하면 학생들이 만든 작품을 주제별로 확인할 수 있어 유용합니다. 폴더를 만드는 과정이 번거로우면 바로 [그림 7-2-22] 과정으로 넘어가도 무방합니다. 폴더를 생성하지 않아도 작품을 캡처해 패들렛, 띵커벨 등에 업로드하면 학생들의 작품을 한눈에 확인할 수 있습니다.

폴더 생성 과정은 다음과 같습니다. 좌측 상단 [Canva]를 눌러 메인 페이지로 나온 다음, [프로젝트]를 선택합니다. [새 항목 추가하기]를 누른 후 [폴더]를 선택해 폴더를 생성합니다.

폴더 이름을 설정한 후 학생들에게 [편집 가능] 권한을 주도록 합니다.

좌측 탭에서 '포스터 만들기' 폴더가 생긴 것을 확인할 수 있습니다. [모든 프로젝트] 누른 후, [새 항목 추가하기]를 선택해 '만화 만들기'라는 다른 폴더도 만들어 보도록 하겠습니다.

[그림 7-2-17]

좌측 탭에 두 개의 상위 폴더가 생겼습니다. 이번에는 '포스터 만들기' 내부에 하위 폴더를 생성해 보겠습니다. [포스터 만들기]를 눌러 폴더를 생성합니다.

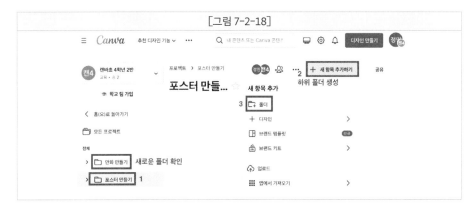

[그림 7-2-18]

'포스터 만들기' 폴더를 누른 후 폴더를 생성했기 때문에 '사이버 폭력 예방 포스터'라는 폴더와 '운동회 포스터'라는 하위 폴더가 생성되었습니다. 좌측 탭에서 부등호 모양(>)을 누르면 하위 폴더를 확인할 수 있습니다.

[그림 7-2-19]

✓Check 여러 반에 들어가는 초등 전담 선생님이나 중등 선생님의 경우, 1-1, 1-2, 1-3과 같이 반별 폴더를 생성할 수도 있습니다. 수업 때 다른 반 학생 작품을 편집하는 것이 걱정되신다면, 모든 반 폴더에 [보기 가능] 권한만 부여합니다. 그리고 1-1 수업 때만 1-1 폴더를 [편집 가능]으로 수정한 뒤, 수업 후 다시 [보기 가능] 권한으로 변경하는 방법도 있습니다.

학생 화면

다시 학생 화면입니다. 교사가 학생들을 프로젝트 폴더에 초대한 상태입니다. 학생 화면 메인 페이지에서 [프로젝트]를 누릅니다. 교사가 만든 [포스터 만들기]라는 폴더가 보입니다. 부등호 기호를 누른 후 하위 폴더인 [운동회 포스터]를 선택합니다. 우측 상단 [새 항목 추가하기]에서 [+ 디자인]을 클릭해 새 디자인을 만들도록 합니다.

[그림 7-2-20] [그림 7-2-21]

앞에서 디자인을 만들었을 때 나오는 화면입니다. 용도에 따라 원하는 형태를 클릭합니다. '교육 프레젠테이션'의 경우 PPT 사이즈를 말하며, '맞춤형 크기'는 원하는 크기의 캔버스를 만들 수 있습니다. 해당 예시에서는 포스터를 만들기 위해, [교실용 포스터]를 선택하겠습니다. 폴더 생성 과정을 거치지 않은 경우에는 [그림 7-2-21]의 우측 상단에 있는 [디자인 만들기]를 클릭하면 [그림 7-2-22] 가 나옵니다.

[그림 7-2-22]

기능 알아보기

학생 화면

[디자인]을 누른 후 [템플릿]을 선택하면 원하는 배경 화면이나 템플릿을 선택할 수 있습니다. 검색도 가능하며, 원하는 템플릿을 고른 뒤에는 창을 닫아 줍니다.

[그림 7-2-23]

[그림 7-2-24]를 기본으로 작품을 만들어 보겠습니다. 만들고자 하는 것은 학예 발표회 포스터입니다. 각 문구는 한 번 클릭한 후 해당 문구 위를 한 번 더 클릭하면 키보드가 뜨면서 문구 내용을 변경할 수 있습니다. 또한, [그림 7-2-25]와 같이 해당 문구 박스를 누르면 상단 메뉴에서 변경할 수 있습니다.

1 글씨체를 변경할 수 있습니다.

2 글씨 크기를 변경할 수 있습니다.

3 글씨 색, 글씨체를 진하게 혹은 기울임으로 변경할 수 있습니다.

글씨 내용은 모두 바꿀 수 있으며, 바꿀 수 있는 글씨체 역시 매우 다양합니다. 예쁜 글씨체를 따로 다운받지 않아도 사용이 가능해 디자인하는 재미가 있습니다.

[그림 7-2-24]	[그림 7-2-25]	[그림 7-2-26]

또한, [그림 7-2-27]과 같이 샘플 템플릿에 있는 요소를 삭제할 수도 있고, [그림 7-2-28]과 같이 텍스트 상자를 추가할 수도 있습니다. 텍스트 상자에는 디자인이 가미된 텍스트도 있기 때문에 적절히 활용할 수 있습니다. 가져오고자 하는 텍스트를 클릭하면 나의 템플릿으로 이동되고, 그 텍스트를 클릭하여 원하는 문구로 바꿔줄 수 있습니다. 아울러 상단 메뉴를 활용해 글씨 크기, 글씨 색 등도 모두 변경할 수 있습니다.

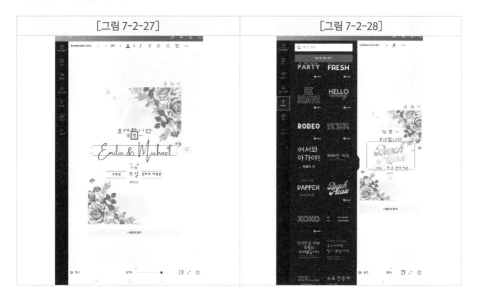

[그림 7-2-27]	[그림 7-2-28]

한국어를 번역한다고 설정되어 있어서 그렇습니다. 우측 상단 [점 세 개 모양]-[번역]을 눌러 [번역 안함]으로 설정하거나 [영어]로 설정합니다.

샘플 템플릿에 있는 그림 역시 바꿀 수 있습니다. 해당 내용을 삭제할 수도 있고, 새로운 내용을 추가할 수도 있습니다. 책에서는 해당 그림을 삭제하고 어울릴 만한 다른 그림을 추가했습니다. 좌측 메뉴의 요소를 클릭하면 원하는 것을 가져올 수 있습니다. 사실상 이 요소 메뉴가 커스터마이징의 가장 큰 부분이라고 할 수 있습니다. 또한, 원하는 주제를 검색하여 비슷한 그림을 가져올 수도 있습니다. 그림을 가져와서 적절한 크기로 변경하고 원하는 위치에 배치할 수 있습니다.

[그림 7-2-29]	[그림 7-2-30]

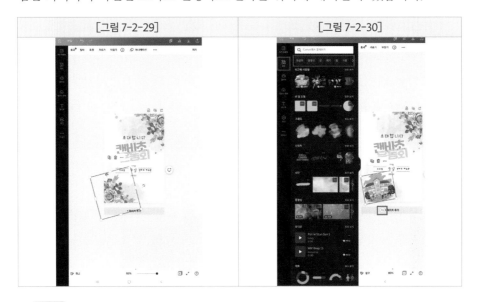

✓Check 학생들에게 적절한 '요소'를 추가하면 멋진 작품이 나온다는 것을 강조해 주세요.

색상을 바꿀 수도 있습니다. 좌측 상단의 색깔 버튼을 클릭해 전체적인 색감을 변경해 줄 수도 있고, 템플릿에 있는 특정 그림의 색도 변경할 수 있습니다.

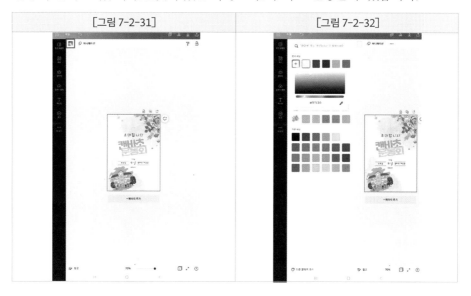

작품을 완료하기 전에 우측 상단에서 작품 제목을 변경하도록 합니다.

가장 기본적인 기능을 소개했지만 이 외에도 다양한 디자인적 요소를 쉽게 활용하여 작품을 완성할 수 있습니다.

✔Check [그림 7-2-33]의 [공유]를 누르고 다운로드를 선택하면 작품을 갤러리(사진 앨범)에 다운받을 수 있습니다.

[그림 7-2-34]

교사 화면

학생들이 업로드한 폴더에 들어간 뒤, 우측 상단 [그리드로 보기]를 누르면 학생들의 작품을 한눈에 볼 수 있습니다. 만약 여러 명의 학생들이 작품을 완성했다면 [그림 7-2-36] 화면에 여러 학생들의 작품이 나왔을 겁니다. 캔바 폴더 관리 기능을 사용하면 소통형 도구에 업로드하지 않고 주제별로 정리할 수 있어, 작품이 쌓일 수록 편리합니다.

[그림 7-2-35]　　　　　　　　　[그림 7-2-36]

✓Check 폴더를 생성하지 않아도 캡처하거나 다운받은 작품을 패들렛이나 띵커벨 등에 업로드하면 학생들의 작품을 한눈에 확인할 수 있습니다.

학생 작품을 클릭해 '편집'을 클릭하면 학생 작품을 편집하거나 피드백할 수도 있고, '사본 만들기'를 클릭해 학생 작품을 복사할 수 있습니다.

[그림 7-2-37]

오른쪽 마우스 클릭 후 [댓글]을 클릭해 학생들에게 개별 피드백을 줄 수 있습니다.

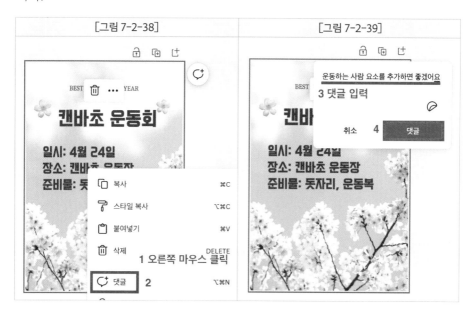

학생 화면

학생 알림창에서 교사의 피드백 내용을 클릭하면, 편집 화면으로 이동합니다. 혹은 프로젝트에서 다시 디자인을 클릭해 교사의 피드백 댓글을 참고하여 편집할 수 있습니다.

[그림 7-2-40]

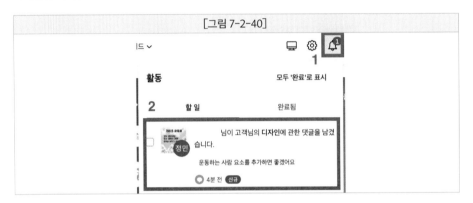

수업 사례 ①

관련 단원

초등 5학년 2학기 도덕 4. 밝고 건전한 사이버 생활

관련 성취 기준

• [6도02-01] 사이버 공간에서 발생하는 여러 문제에 대한 도덕적 민감성을 기르며, 사이버 공간에서 지켜야 할 예절과 법을 알고 습관화한다.

1~2차시 수업 흐름

수업 단계	수업 내용 및 활동	시간
도입	– 사이버 공간에서 피해를 입었던 경험 공유하기	5'
전개	– 사이버 공간에서 지켜야 할 예절 알아보기	10'
	– 캔바 기능 배우기	15'
	– 사이버 폭력 예방 포스터 제작하기	40'
정리	– 친구들이 제작한 포스터 관람하며 사이버 폭력 지킴이가 되기로 다짐하기	10'

수업소개

이 수업은 사이버 공간에서 피해를 입었던 경험을 공유하고, 캔바의 기능을 배운 뒤 사이버 폭력 예방 포스터를 만들어 보는 수업입니다. 수업 정리 단계에서는 친구들이 제작한 포스터를 관람하고, 사이버 폭력 지킴이가 될 것을 다짐합니다.

앞서 언급했듯이 포스터 제작 시 '요소'를 적극적으로 활용하도록 안내합니다. 요소에 많은 이미지들이 있어 조합하면 멋진 포스터를 만들 수 있습니다. 포스터 제작 후에는 다른 학생들의 작품도 관람하게 하면 친구들을 통해 해당 주제에 대해 다양한 사고를 배우게 됩니다. 학생별 포스터 제작 속도 차이가 날 경우, 먼저 끝낸 학생은 작품 하나를 더 완성하게 하거나, [5장 다 한 학생 기다리기]의 내용처럼 여러 앱을 사용할 수도 있습니다.

학생들은 포스터를 제작하는 과정에서 캔바의 다양한 요소를 조합하며 만들게 됩니다. 이 과정에서 포스터를 만들 때는 캔바의 요소를 활용해 어떻게 아이디어를 구현할 수 있을지 감을 잡습니다. 따라서 다음번 수업에는 포스터를 제작하기 전, '캔바의 요소들을 생각하며 포스터를 스케치(기획)하기' 단계를 넣으면 더욱 완성도 높은 작품을 만들 수 있습니다.

[그림 7-2-41]   [그림 7-2-42]   [그림 7-2-43]

✓ Check 국어, 도덕, 사회, 영어 등의 다양한 교과의 주제들을 사용한 포스터 만들기 수업이 가능합니다.

수업 사례 ②

관련 단원

초등 6학년 1학기 국어 5. 속담을 활용해요

관련 성취기준

- [6국04-04] 관용 표현을 이해하고 적절하게 활용한다.

1~2차시 수업 흐름

수업 단계	수업 내용 및 활동	시간
도입	- 전 차시에 배웠던 내용 복습하기	5'
전개	- 표현할 속담 내용 정리하기	20'
	- 캔바 기능 배우기	15'
	- 캔바를 가지고 속담 상황을 만화로 표현하기	20'
	- 친구들이 캔바로 만든 속담 맞추기	15'
정리	- 주요 속담 정리하기	5'

수업소개

이 수업은 전 차시에 여러 속담 내용을 배웠던 것과 이번 차시에서 새로 배운 속담을 바탕으로 속담 상황을 만화로 표현하는 차시입니다. [그림 7-2-44]는 사공이 많으면 배가 산으로 간다, [그림 7-2-45]는 가는 말이 고와야 오는 말이 곱다, [그림 7-2-46]은 고래 싸움에 새우 등 터진다입니다. 학생들이 캔바의 요소 중 '말풍선'을 사용하면 속담 상황을 구체적으로 표현할 수 있습니다. 같은 속담이어도 학생마다 다르게 표현할 수 있으며, 먼저 끝낸 학생은 속담 2개, 3개를 만화로 표현하게 합니다. 만화 장면을 완성 후에는 각 장면이 어떤 속담을 나타내는지 퀴즈 맞추기 활동을 하였습니다.

이 수업 사례는 한 컷 만화 표현이기 때문에 만화 스토리보드를 제작하지 않았지만, 네 컷 이상의 여러 컷 만화를 만드는 경우 만화를 제작하기 전, '캔바의 요소들을 생각하며 만화 스토리보드 제작하기' 활동을 넣으면 더욱 완성도 높은 작품을 만들 수 있습니다.

✓ Check 말풍선 기능을 사용하면 국어 교과뿐 아니라 도덕, 사회 등 다양한 교과에서 만화 만들기 수업이 가능합니다. 또한, 페이지 추가를 하면 만화를 여러 컷으로 만들 수 있습니다.

✓ Check 캔바를 활용하면 포스터, 만화 만들기 외에도 시화 만들기, 미래 명함 만들기, 달력 만들기, 통계 자료 만들기 등 다양한 수업이 가능합니다.

영상 만들기

: 키네마스터

태블릿으로 영상 만들기 수업을 하게 되면 학생들은 콘텐츠 소비자가 아닌 생산자로서의 경험을 하게 됩니다. 아울러 수업에서 배운 것들을 바탕으로 영상을 제작하면 영상을 만드는 과정에서 학습 내용을 정리하고 복습할 수 있습니다. 또한, 역할극을 발전시켜 영화 만들기 수업을 할 수도 있습니다. 예를 들어 도덕과나 사회과의 갈등 또는 인권 등을 주제로 스토리보드를 제작하고 영상 제작을 하면, 해당 주제에 대해 심도 있게 고민해 보게 됩니다. 즉, 영상 만들기 수업은 학습 내용을 단순히 학습하는 걸 넘어서 콘텐츠를 생산하는 과정에서 학습 내용 복습뿐 아니라 학습 내용에 대해 깊게 생각해 보는 수업입니다.

키네마스터에는 다양한 기능이 있지만 학생들이 쉽게 사용할 수 있는 컷 편집이나 스티커 넣기, 자막 넣기, 음악 넣기 등 기본 기능 위주로 알아보겠습니다.

키네마스터 앱을 설치한 후 접속해 하단의 만들기에 들어가 새로 만들기를 클릭합니다. 영상의 이름과 화면 비율 등을 설정합니다.

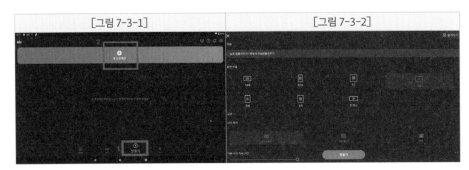

[그림 7-3-1]　　　　　　　　　　[그림 7-3-2]

그 후 편집하고자 하는 동영상 혹은 사진을 선택합니다. 책에서는 학급에서 키우던 장수풍뎅이의 무덤을 만드는 동영상 1개와 완성된 무덤 사진 1개를 이어 영상을 편집해 보겠습니다. 사진이나 영상을 선택하면 선택하는 순서대로 [그림 7-3-4]와 같이 하단에 타임라인으로 제시됩니다. 순서를 바꾸고자 하면 해당 사진이나 영상을 지그시 길게 눌러 앞/뒤로 드래그해 이동시킵니다.

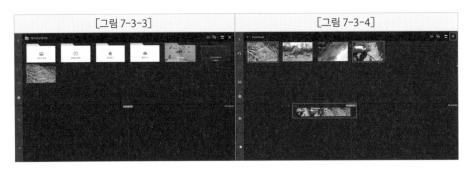

[그림 7-3-3]　　　　　　　　　　[그림 7-3-4]

✔Check 사진 여러 개를 연결해서 영상으로 만들 수도 있고, 동영상을 여러 개 연결하거나 편집
　　　　할 수도 있습니다. 혹은 앞서 나온 예시처럼 동영상과 사진을 조합할 수도 있습니다.

다음 화면에서 본격적으로 영상을 편집할 수 있습니다. 기본적으로 하단 타임라인을 손가락 두 개로 늘리거나 줄이면서 원하는 지점을 찾아가며 편집합니다. 좌측의 [휴지통] 버튼과 [되돌리기], [되돌리기 취소] 버튼 등을 활용할 수 있습니다.

컷 편집

영상의 컷 편집을 해보겠습니다. 영상을 자르거나 추가하고 영상 길이를 조절하는 단계입니다. 편집하고자 하는 부분을 선택한 후 [그림 7-3-5]와 같이 트림/분할을 클릭합니다. 왼쪽 트림은 하단 빨간색 기준선으로부터 왼쪽을 삭제하는 것이고, 오른쪽 트림은 기준선 오른쪽을 삭제하는 것입니다. 분할을 눌러서 기존의 하나의 영상을 두 개로 분리하여 편집할 수도 있습니다.

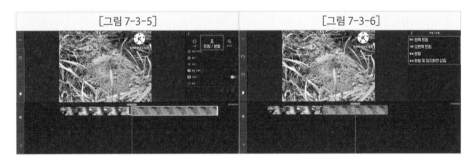

[그림 7-3-5]　　　　　　　　　[그림 7-3-6]

책에서는 두 번째에 넣은 장수풍뎅이 무덤 사진이 너무 길다고 생각되어 오른쪽 트림을 클릭해 길이를 잘라주었습니다. 혹은 트림을 클릭하지 않고도 길이를 조절할 수 있습니다. [그림 7-3-8]과 같이 사진이나 영상을 클릭해 노란색 테두리가 씌워지면 앞/뒤 모서리를 눌러 드래그해서 해당 부분을 늘리거나 줄일 수도 있습니다.

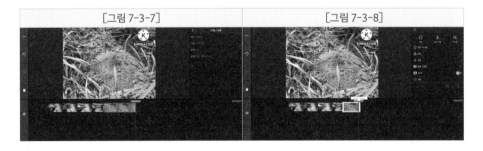

[그림 7-3-7]　　　　　　　　　[그림 7-3-8]

스티커 넣기

스티커를 추가해 보겠습니다. 기본 화면에서 레이어 버튼을 클릭한 후 스티커를 클릭합니다. 그럼 [그림 7-3-10]과 같이 사용할 수 있는 스티커가 뜨는데, 우측 상단의 상점 모양 아이콘을 클릭하면 기본으로 제공되는 것 외에도 무료로 다양하게 다운받아 사용할 수 있습니다.

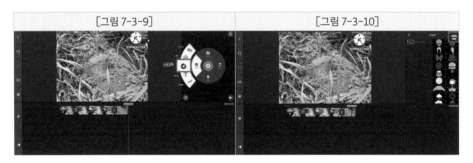

[그림 7-3-11]과 같이 다운받을 수 있는 것들이 다양하게 있습니다. 이 상점 모양 아이콘은 스티커 외에 폰트나 음악 등을 넣을 때도 다양하게 활용할 수 있으니 잘 기억해 두는 것이 좋습니다. 기본으로 표시되는 것만으로는 한계가 있으니 이 상점 모양을 잘 활용하면 더욱 창의적으로 영상을 편집할 수 있습니다.

책에서는 이모티콘 스티커를 다운받아 추가했습니다. [그림 7-3-12]와 같이 영상 아래 타임라인에 추가된 해당 내용이 뜹니다. 영상에서 해당 스티커가 표시되었으면 하는 시간을 아래 타임라인에서 편집할 수 있습니다. 클릭하여 노란 테두리가 생기면 테두리 앞/뒤 모서리를 드래그해 시간과 위치를 조절하여 원하는 구간에 넣을 수 있습니다.

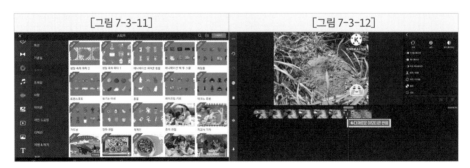

자막 삽입

자막을 넣어 보겠습니다. 조금 전과 같이 레이어를 클릭해 텍스트를 클릭합니다. 영상에 넣고자 하는 내용을 입력합니다.

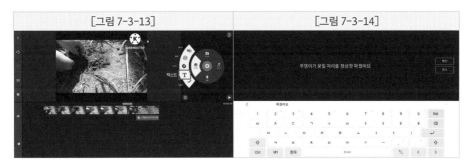

입력한 텍스트의 색상과 폰트를 바꿀 수 있습니다. 폰트 역시 상점 모양 아이콘을 클릭하여 원하는 것을 다운받아 쓸 수 있습니다. 예쁜 폰트가 많습니다.

[그림 7-3-17]과 같이 텍스트에 윤곽선 등을 추가할 수 있습니다. 책에서는 배경색을 넣어 영상에 묻히지 않고 잘 보이도록 설정했습니다. 특히, [그림 7-3-18]의 좌측 상단 점 세 개 아이콘을 클릭해 해당 자막을 복사할 수 있습니다. 해당 자막을 복사한 후 텍스트 내용만 바꾸면 한 영상 내에서 자막 스타일의 일관성을 줄 수 있어 효율적으로 편집할 수 있습니다. 이 역시 스티커와 같이 타임라인에서 위치와 시간을 조절해 원하는 구간에서만 나올 수 있도록 조절합니다.

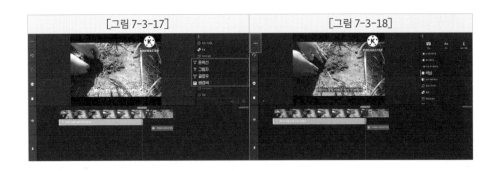

[그림 7-3-17]	[그림 7-3-18]

손글씨 삽입

손글씨를 추가할 수 있습니다. 글씨를 쓰는 것 외에도 강조하고자 하는 대상에 동그라미를 그린다거나 화살표를 넣는 등 원하는 대로 화면에 그릴 수 있습니다. 마찬가지로 색깔 등을 바꿀 수 있습니다. 이 역시 타임라인에서 길이와 위치를 조절해 원하는 구간에만 나오도록 조절합니다.

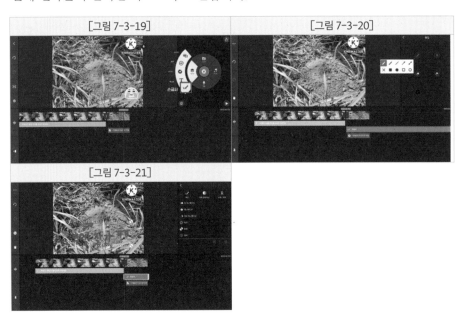

[그림 7-3-19]	[그림 7-3-20]

[그림 7-3-21]

음악 삽입

마지막으로 배경 음악을 넣어 보겠습니다. 기본 화면에서 오디오를 클릭합니다. 우측 상단의 상점 모양 아이콘을 클릭하여 다양한 음악을 다운받아 추가할 수 있습니다.

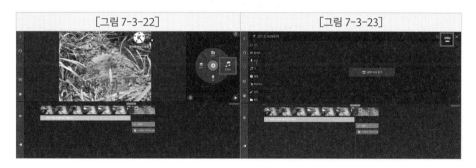

[그림 7-3-22]   [그림 7-3-23]

책에서는 자장가 음악을 다운받아 넣어 주었습니다. 이 역시 타임라인에서 길이와 위치를 조절할 수 있습니다.

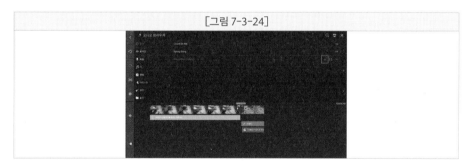

[그림 7-3-24]

책에서는 영상 편집 수업 때 사용하기에 필수적으로 쓰이는 기본 기능 위주로 설명했습니다. 어느 정도 완성이 되었으면 우측의 플레이 버튼을 클릭하여 영상을 재생해 봅니다. 편집 중간에도 영상을 재생해 보며 확인할 수 있습니다. 플레이 버튼을 길게 누르면 [그림 7-3-26]과 같이 전체 화면으로 확인도 가능합니다.

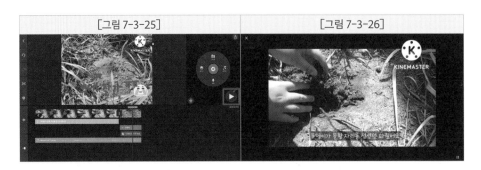

[그림 7-3-25]	[그림 7-3-26]

더 이상 수정할 것이 없다면 [그림 7-3-27]의 우측 상단 버튼을 눌러 저장 및 공유를 해줍니다. 해상도와 프레임레이트는 기본 설정대로 하면 무난합니다. [동영상으로 저장] 버튼을 클릭하면 영상이 저장되어 갤러리에서 확인할 수 있습니다. 다만 영상의 용량이 큰 경우에는 패들렛 요금제에 따라 업로드가 어려울 수 있습니다(떵커벨은 영상 업로드 미지원). 따라서 패들렛에 업로드되지 않을 만큼 영상의 용량이 크다면, 해상도와 프레임레이트를 줄여서 업로드합니다. 이도 어렵다면 갤러리의 동영상 파일에서 [공유하기]를 눌러 교사의 이메일로 보내는 방법이 있습니다. 또는 선생님께서 사용하시는 다른 플랫폼에 업로드하는 방법도 있습니다.

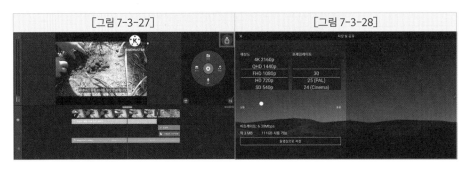

[그림 7-3-27]	[그림 7-3-28]

✓Check [그림 7-3-27] 우측 상단 버튼을 누르면 프로젝트로 저장되어 다음 수업 시간에 이어서 할 수 있습니다.

✓Check 영상을 편집할 때는 소리를 확인해야 하는 경우가 있습니다. 후기가 너무 나쁘지 않고, 저렴한 이어폰(1000원~2000원 가량)을 구입해 학생 개인에게 배부하면 서로의 소리가 겹쳐 방해받지 않을 수 있습니다. 저렴한 이어폰은 간혹 불량이 있으므로 개수를 여유 있게 구매하는 것을 추천합니다.

수업 사례

관련 단원

초등 5학년 2학기 사회 1. 국토와 우리 생활

관련 성취 기준

- [6사01-02] 우리 국토를 구분하는 기준들을 살펴보고, 시·도 단위의 행정 구역 및 주요 도시들의 위치 특성을 파악한다.
- [6사01-03] 우리나라의 기후 환경 및 지형 환경에서 나타나는 특성을 탐구한다.

1~3차시 수업 흐름

수업 단계	수업 내용 및 활동	시간
도입	– 최근 가봤던 여행지 공유하기	5'
전개	– 여행지 소개 영상에 들어가야 할 내용 정리(행정 구역, 위치, 주변 지형 등)	10'
	– 키네마스터 기능 배우기	20'
	– 자료 조사 및 영상 콘티 짜기	20'
	– 여행지 소개 영상 제작하기	45'
	– 친구들이 제작한 영상 관람하기	15'
정리	– 느낀 점 공유하기	5'

수업소개

영상 만들기 수업 시에는 다음의 [영상 콘티 예시]처럼 본격적으로 영상을 만들기 전에 영상 콘티를 짜도록 합니다. 영상 콘티는 각 사진이나 비디오마다 어떤 자막과 어떤 사진이 들어갈지 간단히 계획하는 틀입니다. 가능한 한 교사가 학생들이 짠 영상 콘티에 대한 피드백을 주고, 영상 콘티를 통과한 학생들만 영상 제작을 시작할 수 있도록 합니다. 이렇게 하면 곧바로 영상을 제작하는 것보다 영상의 퀄리티가 높아지며, 실제 영상 제작 과정을 미리 체험해 볼 수도 있습니다.

다음 수업 사례를 자세히 살펴보면 여행지 소개 영상에 포함되어야 할 학습 내용을 정리한 뒤, 키네마스터의 기본 기능을 학습합니다. 그리고 바로 영상을 제작하는 것이 아니라, 다음의 콘티 예시처럼 사진이나 영상, 자막을 미리 계획하고, 그에 맞추어 사진이나 영상 자료를 준비합니다. 준비가 완료되었으면 키네마스터를 활용해 영상을 만들도록 하며, 영상을 만든 후에는 다른 학생들의 영상을 관람하는 수업입니다.

다음 수업 사례는 자료 조사한 것을 바탕으로 영상을 제작하는 경우입니다. 다음 수업 사례 외에도 도덕과, 국어과, 영어과에서 역할극을 할 수 있는 주제들(인권, 효도, 갈등 해결 등)이라면 역할극을 조금 더 발전시켜 키네마스터를 활용한 단편 영화 만들기나 공익 광고 만들기 등 다양한 수업이 가능합니다.

영상 콘티 예시			[그림 7-3-29] 영상 수업 사례
순서	사진/비디오	자막	
1	캔바로 부산 소개 썸네일 제작		
2	대한민국 지도와 부산의 위치 사진	부산광역시는 우리나라의 오른쪽 아래에 위치해 있습니다.	
3	사람들이 모여 있는 사진	부산에는 약 333만 명이 살고 있습니다.	
4	부산 바다 사진(해운대)	부산 주변에는 바다가 많습니다.	
5	부산 바다 사진(광안대교)	너무 예쁘죠?	
6	이하 생략	이하 생략	

수업 시 주의할 점 및 주요 안내 사항

1. 앞서 나온 수업 사례처럼 영상 콘티를 먼저 제작 후 영상을 제작하면, 학습 목표 도달에 집중할 수 있습니다.

2. 배경과 같은 색의 자막은 명시성이 줄어듭니다. 예를 들어, 검은색 배경 위에 검은색 자막은 사용하지 않습니다. 다만, [그림 7-2-29]처럼 배경색을 지정하는 경우는 괜찮습니다.

3. 자막의 지나친 효과(날아가기 등)는 사용하지 않습니다. 이를 안내하지 않으면, 자막이 360도 이상 돌아가는 작품을 만날 수도 있습니다.

4. 한 컷의 시간을 너무 짧게도, 너무 길게도 하지 않습니다. 공유 전에 꼭 재생해 보도록 합니다.

5. '구독과 좋아요를 눌러 주세요'와 같은 말은 넣지 않도록 지도합니다.

✔Check CapCut 등 유사한 영상 편집 프로그램도 기본 기능(컷 편집, 이미지, 영상, 자막 삽입)은 같습니다.

8장

태블릿으로
학급 운영하기

태블릿은 수업 장면뿐 아니라 교사 개인에게 학급을 운영하는 데도 도움이 됩니다.

상담이나 과제 수합 등은 학급을 운영하는 데 필수적인 부분이지만

교사의 에너지도 많이 들고 시간도 오래 걸려 막상 제대로 하긴 쉽지 않습니다.

태블릿을 활용하면 여기에 들어가는 에너지와 시간을 획기적으로 줄여 줍니다.

❶ **상담 기록의 혁신**: AI 클로바노트

❷ **과제 수합의 혁신**: 다 했니? 다 했어요!

상담 기록의 혁신
: AI 클로바노트

교실에서 학생들과 상담할 일이 정말 많습니다. 상담 후 매번 상담 일지를 작성하여 기록으로 남겨야 하지만, 이미 상담으로 진이 빠진 상태에서 이를 기록하기란 정말 힘든 일입니다. 이때 음성을 텍스트로 변환시켜주는 앱을 사용하면 상담 일지 작성 시간을 단축하는 데 큰 도움이 됩니다. 상담 후 바로 작성하지 않아도 나중에 필요할 때 한 번에 작성할 수도 있습니다. 대표적인 인공지능 음성 기록 앱인 클로바노트를 알아보도록 하겠습니다.

[그림 8-1-2]처럼 음성 인식뿐만 아니라 참석자 구분도 가능합니다. 세부 기능은 다음과 같습니다.

1 특정 단어나 문장을 클릭하면 해당 녹음 시간으로 자동으로 이동하여 음성을 들어 볼 수 있습니다.

2 상담 중 기록이 잘 되지 않은 부분을 수정할 수 있습니다.

3 음성 기록 내용을 검색할 수 있습니다.

4 참석자별 대화 비율을 분석합니다.

5 음성 기록을 링크 기반으로 공유합니다.

6 음성 기록 텍스트나 음성 내용을 다운로드할 수 있고, 삭제할 수도 있습니다.

7 음성 기록과 관련된 내용을 메모할 수 있습니다.

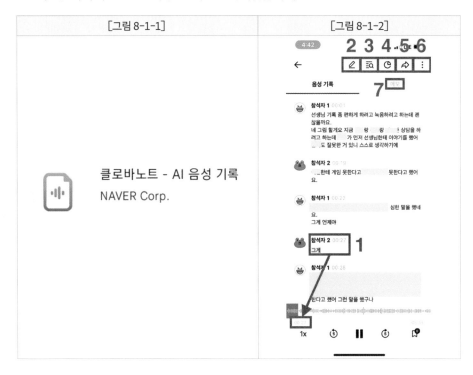

[그림 8-1-1]	[그림 8-1-2]

음성 기록의 제목을 클릭하여 수정할 수 있으며, [그림 8-1-4]처럼 메인 화면에도 반영됩니다. 또 메인 화면 우측 상단의 검색을 누르면 제목뿐 아니라, 음성 기록된 내용도 검색할 수 있습니다. 상담 기록 시간을 줄여 주고, 기록의 자동화가 가능한 클로바노트는 상담 기록의 혁신입니다.

[그림 8-1-3]	[그림 8-1-4]

✔Check 선생님 개인 스마트폰으로 녹음하셔도 됩니다.

✔Check 상담 기록뿐 아니라 회의 기록, 수업 분석에도 활용할 수 있습니다.

과제 수합의 혁신 ————————

: 다 했니? 다 했어요!

'다했니?/다했어요!'는 현직 교사가 교사들의 과제 수합 편의성을 위해 개발한 학급 경영 도구입니다. 교사는 컴퓨터에서 다했니 '웹'으로 관리하고, 학생들은 스마트폰이나 교실 태블릿으로 '다했어요!' 앱을 다운로드받아 과제를 제출할 수 있습니다. 특히 여러 학급을 추가할 수 있어, 초등 담임 선생님뿐 아니라 초등 전담 선생님이나 중등 선생님 모두 유용하게 사용할 수 있습니다.

[그림 8-2-1] 교사용 다했니 웹	[그림 8-2-2] 학생용 다했어요! 앱
🌐 www.dahandin.com **다했니 웹** 과제 제출! 잊지 말고 간편하게 해 보세요.	🃏 **다했어요! (학생용)** 에듀지원 Edu-Aid

✓ Check 교사는 웹(컴퓨터)을, 학생은 앱(태블릿, 스마트폰)을 사용합니다.

셋팅하기

다했니?(https://dahandin.com/)에 들어가거나 포털 사이트에 다했니를 검색하고 다했니? 홈페이지에 들어갑니다. 로그인 후 [+]를 클릭한 뒤 학급 이름을 입력하고 [확인]을 클릭하면 학급이 개설됩니다.

메인 페이지를 자세히 알아보도록 하겠습니다.

1 클릭한 학급 이름이 나와 있습니다. [반 변경]을 누르면 다른 반으로 변경할 수 있습니다.

2 학생을 추가합니다. [그림 8-2-5]는 5명의 학생을 추가했습니다.

3 [쿠키지급]을 클릭하면 특정 과제를 수행하지 않아도 쿠키를 지급할 수 있습니다.

4 학생별 누가기록이 가능합니다. 누가기록 결과는 9번의 우리반 리포트에서 확인할 수 있습니다.

5 현재 [그림 8-2-5] 화면이 [학생별 보기]를 클릭했을 때 화면입니다. 반을 클릭했을 때 나오는 메인페이지입니다.

6 다했니? 다했어요!의 꽃으로, 학생별 과제를 부여하고 과제를 수합하는 탭입니다. 뒤에서 자세히 보도록 하겠습니다.

7 알림장 전송 및 푸시 알람이 가능합니다.

8 제출물 등을 체크합니다.

9 학생들의 누가기록 결과를 확인합니다. **3**에서 입력한 결과물이 나옵니다.

10 아직 과제를 제출하지 않은 모든 학생들에게 푸시 알람을 보냅니다.

11 학생들이 다했어요! 앱에서 로그인할 때 필요한 학생 코드를 일괄로 확인할 수 있습니다.

[그림 8-2-5]

즉 다했니? 다했어요!는 과제 수합뿐 아니라, 알림장, 체크리스트, 누가기록, 학급 보상 관리가 모두 가능한 종합 학급 경영 도구입니다.

[그림 8-2-6]은 [그림 8-2-5]의 **11** [학생관리]를 클릭했을 때의 화면입니다. [학생코드 일괄 내려받기]를 누르면 학생별 학생 코드를 엑셀 파일로 다운로드할 수 있어, 학생들에게 출력하여 안내할 수 있습니다.

[그림 8-2-6]

학생 관리

학생코드 일괄 내려받기   학생삭제

번호	이름	학생코드
1	김홍원	mla4mGy3n
2	임진아	rha9bDQTt
3	신동운	X0M3az8u8
4	정희수	CBvFbvdJD
5	윤주미	KvWEh4Pif

취소   편집

학생들은 다했어요! 앱을 열어 교사가 공유한 코드를 입력하여 입장할 수 있습니다.

[그림 8-2-7]

다했어요!

코드를 입력해 주세요.

입장

✓Check 앱 다운로드 시 알림 허용 여부를 물을 때 알림을 허용하거나, [설정]-[알림]에서 다했어요! 앱의 알림을 허용해 두도록 안내합니다.

✓Check 스마트폰이 없는 학생은 보호자가 학생 코드를 입력하여 로그인합니다.

✓Check 반에 있는 태블릿에도 로그인 후 코드를 입력해 두면 교실에서 과제 관리를 편하게 할 수 있습니다.

과제 추가

1 [과제별 보기]를 클릭하면 [그림 8-2-8]의 화면이 나옵니다. 2 [+]를 누르면 과제 태그를 생성할 수 있습니다. 과제 태그를 입력해 두면 추후 과제가 많아질 때 과제를 태그별로 볼 수 있어 편리합니다. 3 [+]를 클릭하면 과제를 생성할 수 있습니다.

[그림 8-2-8]

과제 이름 입력 후 [분류]에서 생성했던 태그를 설정하고, 과제 설명에 내용을 입력합니다. [대상 학생]을 누르면 특정 학생에게만 과제를 부여할 수도 있습니다.

[그림 8-2-9]

과제생성

과제이름(*)

식물 기르기 인증

분류

아침활동 수학 **숙제** 방학

반복과제 설정

횟수형 날짜형

과제설명(*)

보통 ÷ B I U S ⬡ A 🗋 ≣ ≣ ⊟ ⊟

기르고 있는 식물을 인증하도록 해요.
사진을 첨부해주세요.

파일 첨부 파일 전체 삭제 대상 학생 (5)

확인   취소

다음 그림은 학생이 다했어요! 앱에 들어갔을 때의 화면입니다. 교사가 과제를 생성하면 다했어요! 앱에서 학생들에게 푸시 알람이 가므로 과제를 바로 확인할 수 있습니다. [그림 8-2-10]처럼 생성된 과제를 클릭하면 [그림 8-2-11] 화면이 나옵니다. 교사에게 제출할 내용을 입력하고, 사진이나 영상을 첨부 후 [다 했어요!]를 클릭하면 제출이 완료됩니다. 제출 후에 과제를 다시 클릭하여 수정할 수도 있습니다.

다시 교사용 다했니? 웹 화면입니다. 평소에는 과제 배경이 노란색이지만, 학생이 과제를 제출해 교사가 검사할 내용이 있으면 [그림 8-2-13]과 같이 빨간색으로 표시됩니다.

과제를 확인하면서 교사가 피드백 내용을 남길 수 있을 뿐만 아니라 쿠키를 1, 2, 3개 중 선택하여 부여할 수 있습니다. 또한, [그림 8-2-15]처럼 성적을 클릭하

면 점수를 입력할 수도 있습니다. [반려]를 클릭하면 학생은 과제를 다시 제출해야 합니다. [반려] 클릭 시 왜 반려되었는지 학생에게 설명할 수 있습니다.

다음 그림처럼 쿠키 개수와 성적으로도 점수를 입력할 수 있고, 제출한 학생을 누르면 쿠키 개수나 성적, 피드백 내용을 수정할 수 있습니다. 제출을 완료한 학생은 그림의 김홍원, 임진아 학생처럼 배경 색이 회색으로 바뀝니다.

아직 과제를 제출하지 않은 학생은 신동운, 정희수, 윤주미 학생처럼 노란색으로 표시됩니다. 만약 오프라인으로 제출한 학생은 [낸 것으로 하기]를 누르면 쿠키나 성적을 입력할 수 있습니다. 아직 과제를 제출하지 않은 학생들에게 개별 알람을 보내려면 빨간색 [Push]를 누르고, 과제를 제출하지 않은 학생 전체에게 알람을 보내려면 우측 상단 [전체 push 보내기]를 누릅니다.

[그림 8-2-16]

> **✓Check** 과제 기능을 사용하면 미술 등 각종 결과물 수합, 방학 과제 수합, 수학 학습지, 글쓰기
> 수합 등 모든 형태의 과제를 수합하고 피드백 및 보상을 할 수 있습니다.

● 반복형(횟수형) 과제

자주 내주는 과제를 가지고 매번 과제 생성을 하면 번거로울 겁니다. 자주 내주는 과제는 반복형 과제로 설정하면 편하게 관리할 수 있습니다. 지금부터 반복형 과제 생성 방법을 알아보겠습니다.

먼저 반복형(횟수형) 과제를 부여하는 방법을 알아보도록 하겠습니다. 과제 생성 시 [반복 과제 설정]에 체크하고 [횟수형], [날짜형] 중 [횟수형]을 선택합니다. 횟수형은 같은 과제를 지정한 횟수만큼 제출해야 하는 과제입니다. 반복 횟수는 2회부터 21회까지 지정할 수 있습니다. 횟수형 과제를 생성하면 [그림 8-2-18]처럼 과제 우측 상단에 숫자 모양이 나옵니다.

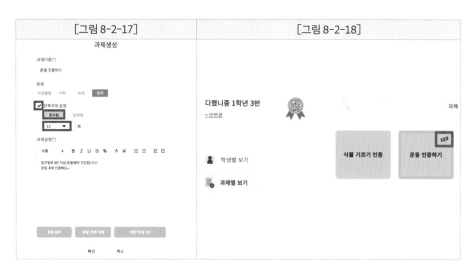

횟수형 과제를 클릭하면 [그림 8-2-19]처럼 학생별로 지정한 횟수 중 몇 개의 과제를 했는지 확인할 수 있습니다. 학생을 클릭하면 [그림 8-2-20]처럼 각 과제별 관리를 할 수 있습니다. 자물쇠 모양은 잠금 표시로 5번 과제를 완료해야 6번 과제의 잠금이 풀리고, 6번 과제를 완료해야 7번 과제의 잠금이 풀리는 형태입니다. 즉, 횟수형 과제는 매번 과제를 생성하지 않아도 되기 때문에 편리합니다.

반복형(날짜형) 과제

다음으로 반복형(날짜형) 과제를 알아보겠습니다. 과제 생성 시 반복 과제 유형을 [날짜형]으로 선택하면 과제를 부여할 날짜를 선택할 수 있습니다. 월 간 이동을 이용해 여러 달에 걸쳐 과제를 부여할 수 있으며, 날짜를 선택하면 노란색으로 바뀝니다. [그림 8-2-21]은 매주 일요일 복습한 내용을 업로드하는 과제입니다. 날짜형 과제는 [그림 8-2-22]처럼 과제 우측 상단에 달력 모양이 나옵니다.

오늘 날짜까지 과제를 모두 한 학생들은 [그림 8-2-23]에서 회색으로 나타납니다. 아직 못한 학생들은 개별 푸시 알람을 보내거나 우측 상단에 [전체 push 보내기]를 눌러 제출하지 않은 학생 모두에게 푸시 알람을 한 번에 보낼 수도 있습니다.

[그림 8-2-24]는 임진아 학생을 클릭한 화면입니다. 현재 뒤에 날짜들이 잠겨 있는 이유는 캡처 시점보다 이후 날짜이기 때문입니다. 해당 날짜가 되면 잠금이 풀려 학생들이 과제를 제출할 수 있습니다.

[그림 8-2-23]	[그림 8-2-24]

> ✓ Check 반복형 과제 기능은 학급에서 일상적으로 하는 활동이나 숙제에 적용하면 효과적입니다. 예를 들어 아침 활동, 주제 글쓰기, 배움 공책, 숙제 등 다양한 반복형 과제를 관리할 수 있습니다.

뱃지 등록 및 관리

좌측 탭의 [뱃지 관리]를 누르고 [등록]을 선택하면 [그림 8-2-26] 화면이 나옵니다. 뱃지 이미지를 드래그해 두고 뱃지를 등록 및 수정할 수 있습니다. 뱃지 지급 방법은 [뱃지 유형]에서 쿠키 수에 따라 자동 지급하는 방법과 교사가 수동으로 지급하는 방법 중 선택할 수 있습니다. 실물로 뱃지가 주어지진 않지만 학생들은 다했어요! 앱의 뱃지를 통해 성취감을 얻으며, 쿠키를 얻기 위해 과제를 더욱 열심히 합니다.

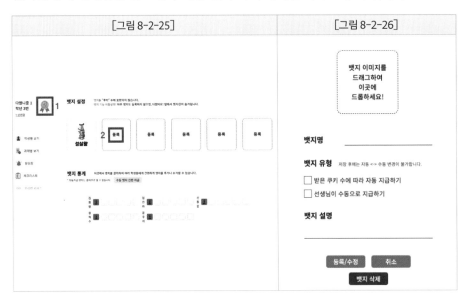

[그림 8-2-25]	[그림 8-2-26]

✓Check 다했니?의 뱃지를 통해 학생들은 성취감을 얻으며, 쿠키를 얻기 위해 과제를 더욱 열심히 합니다. 성실왕, 독서왕, 배려왕 등 다양한 뱃지를 등록하여 학급을 운영할 수 있습니다.

개별 보상, 학급 전체 보상

개별 보상

모은 쿠키를 사용해 학급별로 전체 보상(영화 보기 등)을 하거나, 학생 개별로 보상(급식 가장 빨리 먹기 등)하여 학급 운영을 할 수 있습니다. 지금부터 쿠키를 사용하는 방법을 알아보겠습니다.

[학생별 보기]탭에서 쿠키를 사용할 학생을 선택하고 우측 상단의 [쿠키 쓰기]를 누릅니다.

쿠키 사용 화면에서 사용할 쿠키의 개수를 입력 후 [확인]을 누릅니다. 만약 쿠키의 개수를 잘못 입력하여 쿠키를 추가해야 하는 경우, 쿠키 쓰기 창에서 숫자 앞에 −를 입력하면 쿠키를 충전할 수 있습니다. 예를 들어 [그림 8-2-29]의 '쿠키 더 쓰기'에 −3을 입력하면 쿠키가 3개 충전됩니다.

쿠키 사용 후에는 [그림 8-2-30]처럼 전체 모았던 쿠키 중 남은 쿠키의 개수를 확인할 수 있습니다.

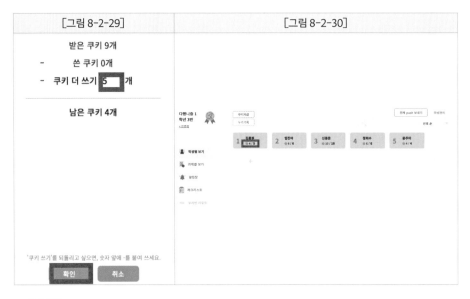

| [그림 8-2-29] | [그림 8-2-30] |

✓Check 쿠키 사용처(20개 숙제 면제, 30개 급식 빨리 먹기 등)를 미리 공지해 두면 학생들에게 동기가 부여되어 과제에 더욱 열심히 참여합니다.

전체 보상

학급 전체가 모은 쿠키로 학급 전체에 보상을 주는 방법을 알아보겠습니다.

좌측 탭 아래의 [편집]을 클릭 후 [쿠키함 비우기]를 클릭하면 [그림 8-2-33]의 화면이 나옵니다. 소비할 쿠키의 개수를 적은 후 [확인]을 누르면 학급 학생들이 모은 쿠키의 개수가 줄어듭니다. 이때 쿠키를 소비해도 학생 개별 쿠키가 줄어드는 게 아니라 전체가 모은 개수만 차감됩니다. 따라서 쿠키를 많이 모은 학생이 학급 전체 보상을 위해 쿠키를 더 많이 소비하는 형태가 아니라, 학급 보상을 위해 더 많이 기여하는 형태입니다.

[그림 8-2-31]	[그림 8-2-32]	[그림 8-2-33]

✓Check 미리 학급 전체가 쿠키 몇 개를 모으면 어떠한 보상(갈틱폰 등)을 할 예정이라고 공지해 두면 학생들이 과제를 하는데 동기 부여가 됩니다.

* 다했니/다했어요 활용 카페(https://cafe.naver.com/dahandin)

열정민쌤의
완전 쉬운 에듀테크
태블릿 활용수업

초판 1쇄 발행 2023년 7월 11일
초판 6쇄 발행 2024년 12월 15일

지은이 원정민, 최지은

펴낸이 이형세
펴낸곳 테크빌교육(주)
편집 이주원, 한아정 | **디자인** 곰곰사무소
주소 서울시 강남구 언주로 551, 프라자빌딩 5층/8층 | **전화** (02)3442-7783(333)

ISBN 979-11-6346-178-4 (93370)

책값은 뒤표지에 있습니다.

테크빌 교육 채널에서 교육 정보와 다양한 영상 자료, 이벤트를 만나세요!

블로그 blog.naver.com/njoyschoolbooks	**페이스북** facebook.com/njoyschool79
티처빌 teacherville.co.kr	**티처몰** shop.teacherville.co.kr
쌤동네 ssam.teacherville.co.kr